高速铁路干部培训教材

高速铁路行车组织

郑州铁路局 编

中国铁道出版社

2015年·北京

内 容 简 介

为了做好高速铁路管理干部及技术人员业务培训工作，郑州铁路局运输处组织专业技术人员编写了本教材。全书共分为三章，内容包括：高速铁路概论，高速铁路主要行车设备和高速铁路行车组织。

本书可作为高速铁路管理干部及技术人员业务培训使用教程。

图书在版编目（CIP）数据

高速铁路行车组织/郑州铁路局编．—北京：中国铁道出版社，2012.3（2015.7 重印）

高速铁路干部培训教材

ISBN 978-7-113-14330-5

Ⅰ.①高… Ⅱ.①郑… Ⅲ.①高速铁路-铁路运输-干部培训-教材 Ⅳ.①U238

中国版本图书馆 CIP 数据核字（2012）第 034666 号

书　　名：高速铁路行车组织

作　　者：郑州铁路局　编

责任编辑：朱敏洁　**编辑部电话**：(010)51873134　**电子信箱**：zhuminjie_0@163.com

助理编辑：李慧君

封面设计：崔　欣

责任校对：孙　玫

责任印制：陆　宁

出版发行：中国铁道出版社（100054，北京市西城区右安门西街 8 号）

网　　址：http://www.tdpress.com

印　　刷：中国铁道出版社印刷厂

版　　次：2012 年 4 月第 1 版　2015 年 7 月第 3 次印刷

开　　本：787 mm×1 092 mm　1/16　印张：6.75　字数：164 千

书　　号：ISBN 978-7-113-14330-5

定　　价：25.00 元

编委会名单

前　　言

为更好地落实“十二五”铁路人才发展规划，强化人才培养和实践锻炼，加快建设一支数量充足、结构合理、素质过硬的高铁专业技术人才队伍，尽快满足确保高铁安全运营对专业技术人才的需要，郑州铁路局结合管内郑西、石武高铁运营和建设实际，本着立足当前、着眼长远、瞄准前沿、务求实用的原则，编写了本套教材。

本套教材针对高铁专业技术干部岗位需要，以应知应会、实作技能为重点，涵盖了高铁行车组织、调度指挥、客运、机务运用、供电、工务、通信、信号、动车组等专业系统知识。教材内容通俗易懂、信息量大、专业性强，侧重高铁运营管理中的新技术、新设备，既立足应用实际，又有适度超前，部分章节在全局各类教材中属于首次涉及，可用于高铁在岗专业技术人员和即将上岗人员的强化培训教材，也可作为各级领导干部和综合管理干部日常学习业务知识的参考资料。

本套教材由郑州铁路局人事处（党委组织部）组织筹划，集中了运输处、客运处、机务处、供电处、工务处、电务处、车辆处、调度所、高铁办等专业处室的骨干技术力量共同编写，总工程师室对教材内容进行了审核。对他们的辛苦努力和大力支持，在此表示衷心感谢！

由于时间仓促，加之编者水平有限，书中难免存在疏漏和不足之处，恳请广大读者批评指正。

编者

二〇一二年三月

目　　录

第一章　高速铁路概论

自1825年世界上第一条铁路诞生，一百多年来，世界各国重视铁路研究工作的专家、学者，始终在为提高列车的行车速度做不懈的努力。

1903年德国用电力机车牵引，试验速度已达到每小时210 km，1954年法国用电力机车牵引试验速度达到每小时243 km，1962年日本用电力机车牵引试验速度达到每小时256 km，1972年法国用内燃机车牵引试验速度达到每小时318 km。

到了20世纪80、90年代，法国、德国、日本用电力机车牵引试验速度每小时达到400 km以上，法国1983年9月在巴黎东南新干线使用的TGV-A试验列车试验，速度达到515.3 km/h，2007年4月3日，又创造了574.7 km/h的新纪录。2003年12月2日在日本山梨县进行的磁悬浮列车载人运行实验中时速高达580 km。

对于"高速"的水平，随着技术进步而逐步提高。1970年日本把在主要区间以200 km/h以上速度运行列为高速铁路；西欧把新建时速达到250～300 km、旧线改造时速达到200 km的称为高速铁路；1985年联合国欧洲经济委员会在日内瓦签署的国际铁路干线协议规定：新建客运列车专用型高速铁路时速为300 km，新建客货运列车混用型高速铁路时速为250 km。

当今世界上，铁路速度的分档一般定为：时速100～120 km称为常速；时速120～160 km称为中速；时速160～200 km称为准高速和快速；时速200～400 km称为高速；时速400 km以上称为特高速。

目前公认的高速铁路定义为国际铁路联盟(UIC)规定："新线250 km/h以上，既有线改造200 km/h以上的铁路称为高速铁路。"

第一节　高速铁路简介

1964年日本建成世界上第一条高速铁路——东海道新干线，运营时速达到210 km，铁路高速技术取得突破性进展，以日本、法国、德国为代表的一些国家开始了以大幅度提高列车运营速度为目标的高速铁路建设，世界上很多国家也重新开始重视铁路的发展。高速铁路时代从日本走向了世界，世界铁路开始了新一轮的发展。

1964年10月1日东海道新干线正式开通营业，高速列车运行速度达到210 km/h。东海道新干线以其安全、快速、准时、舒适、运输能力大、环境污染轻、节省能源和土地资源等优越性博得了政府和公众的支持和欢迎。东海道新干线投入运营后，高速列车的客运市场占有份额迅速上升，每天平均运送旅客36万人次，年运输量达1.2亿人次。从而使包括东京、横滨、名古屋、大阪等大城市在内的东海道地区，原本旅客运输十分紧张状况一下得到了缓和，而且大大提高了运输服务质量，同时取得了预期的经济效益，1964年投入运营，1966年开始盈利，1972年收回全部投资。第一条高速铁路的问世，使一度被人们认为"夕阳产业"的铁路，出现了生机，显示出强大生命力。

高速铁路进一步的发展趋势是连线成网。目前欧洲各国已经建成和正在修建的高速铁路，基本上都是各自独立的，今后将发展沟通成国内、国际间的高速铁路网，并与既有线相衔接；提出了“速度比小汽车快一倍，票价比飞机便宜一半”的目标，以充分发挥其优势。由于这将涉及到欧洲共同体的十几个国家，因此在轨距、信号、供电、机车车辆等技术设备方面都制定了统一的标准，使欧洲的高速铁路网不仅是各国高速铁路的总和，而且能形成一个综合型整体。预计需要新建或改建 1.9 万 km 满足时速 250 km 以上的高速铁路网；以及 1.1 万 km 的时速 160～200 km 的联络线和支线，以便连接欧洲所有的主要城市。届时欧洲将出现世界上最方便、最经济的地面高速运输系统，欧洲各大陆城市间都可通过高速铁路连接起来，并还将向亚洲延伸，形成洲际的高速铁路网。

一、主要国家高速铁路

(一)日本高速铁路

1. 建设进程

1964 年 10 月 1 日，世界上第一条高速铁路——日本的东海道新干线正式投入运营，时速达到 210 km。

1973 年将新干线铁路从新大阪延长到冈山。

1975 年由冈山延长到博多，形成山阳新干线(新大阪至博多)。

1982 年 6 月和 1982 年 11 月又分别开通了东北新干线(东京—盛冈)和上越新干线(东京—新潟)。

2005 年日本高速铁路的营业里程已达 2 573 km，并计划继续修建高速铁路，成为日本陆地交通运输网的支柱。

2. 技术装备

(1)0 系动车组：动力分散式，最高试验速度为 256 km/h，最高运行速度为 220 km/h，1964 年开始用于世界上第一条高速铁路——日本的东海道新干线。编组 16 辆动车，定员 1 285 人。

(2)100 系动车组：动力分散式，由 12 辆动车和 4 辆拖车(其中双层客车两辆))组成，拖车加装了旋转式涡流制动机。头车形状也有所改变。最高速度为 230 km/h，100 系车组(双层)最高速度为 270 km/h。20 世纪 80 年代始用于在东京—博多线路上运行的列车。1985 年投入运营，定员 1 321 人。

(3)200 系动车组：动力分散式，由 12 辆动车组成，最高速度为 275 km/h，1980 年投入运营，定员 1 321 人。

(4)300 系动车组：动力分散式，由 10 辆动车和 6 辆拖车组成，最高速度为 270 km/h，1990 年投入运营，定员 1 323 人。

(5)400 系动车组：动力分散式，由 6 辆动车和 1 辆拖车组成，最高速度为 240 km/h，1991 年投入运营，定员 399 人。

(6)500 系动车组：动力分散式，由 16 辆动车组成，最高速度为 300 km/h，1996 年投入运营，定员 1 324 人。

(7)700 系动车组：动力分散式，由 12 辆动车 4 辆拖车组成，最高速度为 270 km/h，1997 年投入运营，定员 1 323 人。

(8)“Fastech360”动车组：动力分散式，是日本最新的试验型新干线(包括 E954 和 E955 两个型号)设计速度为 360 km/h，要求进行性能试验时，速度达到 405 km/h。

3. 竞争优势

1964 年 10 月 1 日，世界上第一条高速铁路——日本的东海道新干线正式投入运营，时速达到 210 km，突破了保持多年的铁路运行速度的世界纪录，从东京至大阪只需运行 3 h 10 min（后来又缩短到 2 h 56 min）。由于其运行速度比原有铁路提高一倍，票价较飞机便宜，从而吸引了大量旅客，使东京至名古屋间的飞机航班不得不因此而停运。这是世界上铁路与航空竞争中首次取胜的实例。

高速铁路的运营成绩和取得的巨大经济、社会效益，扭转了过去虽然通过理论研究和试验证明铁路具有大幅度提高速度的潜力，但受到安全、造价等认识的困扰，长期给人们以可望不可及之感，纠正了人们对铁路已不适应经济快速发展、工作节奏快和高流动社会需要的错觉，给各国铁路带来了新的生机，世界铁路开始进入高速铁路时代。

1964 年 10 月日本先于其他国家开通了世界第一条高速铁路——东海道新干线（东京—新大阪的高速客运专线），采用 0 系电动车组，最高试验速度为 256 km/h，最高运行速度为 210 km/h。日本加速修建这条标准较高的客用专线是由于日本工业生产迅速增长且绝大部分工业集中在东海岸地区。20 世纪 50 年代末已有 34％的工业集中在东海岸地区，可见，高速铁路首先在日本出现决非偶然。1973 年将新干线铁路从新大阪延长到冈山，1975 年由冈山延长到博多，形成山阳新干线（新大阪至博多）。1982 年 6 月和 1982 年 11 月又分别开通了东北新干线（东京—盛冈）和上越新干线（东京—新潟）。

20 世纪 80 年代运行于东京—博多线路上的列车由 0 系换成 100 系电动车组。100 系电动车组由 12 辆动车和 4 辆拖车（其中双层客车两辆））组成，拖车加装了旋转式涡流制动机。头车形状也有所改变。100 系电动车组的最高速度为 230 km/h，100 系车组（双层）最高速度为 270 km/h。在东北和上越新干线上使用的 200 系电动车组由 12 辆动车组成。300 系电动车组，其构造速度为 300 km/h（运行速度为 250～270 km/h），采用交—直—交牵引装置（三相交流传动装置），车辆高度从 4 000 mm 降低到 3 800 mm，采用铝合金制密封式车体，头车形状有所改进，采用了再生制动。目前已发展到 700 系。如日本最新的”Fastech360”试验型新干线电动车组（包括 E954 和 E955 两个型号）设计速度为 360 km/h，要求进行性能试验时，速度达到 405 km/h。

（二）法国高速铁路

1. 建设进程

法国在修建高速铁路线之前就在既有线上推行高速计划。

20 世纪 60 年代中期旅客列车的最高运行速度普遍提高到 160 km/h。1975 年特快列车的最高速度达 200 km/h。1969 年 11 月其燃气轮动车组试验速度达 248 km/h。20 世纪 70 年代末又创 318 km/h 的纪录。

法国第一条高速铁路线（巴黎东南新干线）于 1972 年动工，1983 年投入运用。运用 TGV-PSE 电动车组，最高运行速度为 270 km/h。

在巴黎东南新干线通车后，法国继续扩大高速铁路线，1990 年大西洋新干线（巴黎—勒芒、图尔）正式通车，采用 TGV-A 电动车组，最高运行速度为 300 km/h。

为了扩大高速铁路网和开通国际联运高速线，法国又修建第三条新干线——北方新干线，以便使高速列车与比利时和通过英吉利海峡隧道与英国实现联运业务。法国还为北方新干线研制了双层高速列车，最高运行速度可达 300～350 km/h。

2. 技术装备

法国高速线上采用的电动车组在牵引动力上的布置与日本不同。日本是动力分散式，即列车中动车较多(或全为动车)。而法国是动力集中式，只在列车两端的头车(或与头车相临的客车的一端)装有牵引动力装置。

1983 年 9 月巴黎东南新干线使用的 TGV-A 试验列车试验速度达到 515.3 km/h，2007 年 4 月 3 日，又创造了 574.8 km/h 的新记录，创造了轮轨黏着式交通工具速度的最高记录。法国是创造铁路列车试验速度最高的国家。

法国的高速铁路技术使用从 TGV 第一代到目前的第四代，其高速铁路技术主要输出到英国、比利时、西班牙等国家。

(三)德国高速铁路

1. 发展模式

与日本、法国两国新修高速铁路线的做法具有明显不同，德国发展高速铁路未采用修新线的方式，仅对原技术状态较好的线路进行改造和加固，必要时才修几段新线，使其形成几条高速运行线，属于改造旧线实现高速的模式。其中最长的是汉诺威—维尔茨堡、曼海姆—斯图加特、汉诺威—柏林、科隆—法兰克福。

2. 建设进程

德国是铁路客运速度提高较快的国家之一。

1962 年德国研制的“莱茵金子”号客车的构造速度已达 160 km/h，1974 年 ET403 型电动车组的最高运行速度为 160 km/h。1977 年提高到 200 km/h。1988 年试验速度达 406.9 km/h。

3. 技术装备

德国高速铁路，称为 ICE，是 InterCity Express(高速城际列车)的缩写。ICE 列车由 16 辆车组成，属动力集中式电动车组，两端为动车，中间为 14 辆拖车(根据需要可编几辆拖车)。

ICE-V 试验车造于 1985 年，不久就创造了 406.9 km/h 的世界纪录。

ICE 1 是最早的一代 ICE，1989 年开始正式制造，并于 1990 年投入运用。以两台机车带 10—12 节车厢运行于德国连接瑞士和奥地利的线路，现在有约 60 列 ICE1 在运行，速度达 280 km/h以上。

ICE 2 是第二代 ICE，造于 1996 年，一台机车带七节车厢。目前有约 44 列 ICE2 在运营，速度在 280 km/h 以上。

ICE 3 是第三代 ICE，造于 1997 年，主要在陡坡线路和国外运营，正常运行速度为 300 km/h。

ICE 4 是 ICE3 的改进型，各种结构的细节正在研究中。

ICE 5 使用磁悬浮技术，用于汉堡—柏林磁悬浮线路，这条线路由德国铁路公司经营。

ICE 21 是计划中的另一种快速列车，用于试验一系列新技术，如:采用不同于现在 ICE 的新型转向架。ICT 是由 ICE 派生的可倾式(摆式)列车，这种列车在传统线路上运行速度可达到 230 km/h。

ICE-VT 是在非电气化铁路上运行的内燃动车组，带四节车厢，速度可达 200 km/h。

(四)其他国家高速铁路

英国铁路目前采用改造既有线路的方法来提高列车运行速度，与德国同属一个模式。英国铁路几乎与法国同时开始规划铁路高速化，但走了弯路，现落在法国后面。英国原打算利用旧线开行高速列车。为解决列车过弯道产生的离心力作用，在车辆上加装车体倾斜装置(把带有这种装置的客车组成的列车称为 APT 列车）。由于这套装置技术复杂，且耗资过大，英国于 1984 年在放弃 APT 列车计划后。随后英国进行了东海岸干线的电气化和小半径曲线改造，并为这条线路研制了由电力机车牵引的 IC225 型列车，于 1989 年 10 月正式投入运用，构造速度为 225 km/h，试验速度曾达到 260 km/h。目前，英国铁路正在进行西海岸电气化改造，计划使用电动车组的牵引方式，采用 IC250 型列车，最高运行速度 250 km/h。

美国铁路开展高速运行起步稍晚。从 1974 年以来，美国“东北走廊”线路客流有显著增长。为了节约能源，美国政府于 1976 年批准改造这条线路（全长 735 km）。20 世纪 80 年代开始陆续在“东北走廊”线上开行时速为 200 km 的列车，行驶在巴尔的摩至乌依顿和纽约至华盛顿的线路上。

意大利采用了先改车（不改线）、后建新线的方式来实现铁路高速化。意大利在 20 世纪 70 年代中期投入运用了带摆式车体的 ERT401 型的客车，最高运行速度为 160～180 km/h，20 世纪 80 年代最高速度达到 200 km/h。1988～1989 年开始在米兰—罗马、威尼斯—罗马之间采用 ETR450 型摆式列车，最高运行速度 250 km/h。车体采用可控倾斜装置（强迫倾摆装置），由一套传感器、控制器和液压装置组成的自控系统，使车体过弯道时自动倾摆，最大倾摆角为 10°。新建米兰—那不勒斯高速线（全长 820 km），最高运行速度为 275～300 km/h。采用 ETR500 高速电动车组，未采用可倾摆车体，两头车辆为动车。

西班牙发展高速铁路时采用多种手段。采用先用摆式列车，后建新线的方法，建新线后仍不放弃摆式列车，这是两种轨距并存条件下采用的方针。西班牙既有线路的轨距为 1 676 mm，如参与国际高速联运，必须在车辆上设自动变距装置，或另修准轨新线。西班牙铁路客车结构从 1945 年末开始运用世界稍有名气的 TALGO 列车。1964 年设计的 TALGOII 型客车，在采用 ML-3000 型内燃机车牵引时试验速度达到了 232 km/h。为了过境运输（如通往法国），装了自由轮对的自动换轨距装置，改进了弹簧悬挂装置，最高运行速度可达 230 km/h。新研制的 TALGO-Pendular（即摆式 TALGO）列车，于 1988 年 10～11 月在德国铁路上进行了试验，试验速度达 291 km/h，20 世纪 90 年代初投入运用。与此同时还修了两条轨距为 1 435 mm 的高速新线。一条由马德里到塞维利亚间 471km，另一条是马德里到巴塞罗那。西班牙还为新线购置了全新的（非摆式的）高速列车。1989 年 3 月从法国购买 24 列高速列车。该高速列车是以法国大西洋新干线运用的 TGV-A 列车为基础，并考虑到在西班牙线路运用的特殊要求，局部进行修改设计制成的。从法国引进的用于西班牙铁路的高速列车定名为 AVE 列车，设计最高运行速度为 300 km/h。

二、我国既有线提速简要回顾

自 1997 年 4 月 1 日至今，我国铁路进行了六次大规模的提速调图。

1997 年 4 月 1 日零时，铁路第一次大面积提速调图全面实施。第一次大面积提速调图以京广、京沪、京哈线为重点。列车运行速度实现了重大突破，三大干线提速列车最高运行时速达到 140 km。第一次大面积提速调图首次开行了快速列车和夕发朝至列车，首次开行了发到站直达、运行线全程贯通、车次全程不变、发到时间固定、以车或以箱为单位报价的“五定”货运列车。

1998 年 10 月 1 日零时，铁路第二次大面积提速调图全面实施。第二次大面积提速调图仍以京广、京沪、京哈三大干线为重点，列车速度进一步提高，快速列车最高运行速度达到了时速 160 km，非提速区段快速列车最高速度达到了时速 120 km。第二次大面积提速调图增加了快速列车和夕发朝至列车数量，快速列车增至80对，夕发朝至列车增加到228列。首次开行了北京—厦门、哈尔滨—武昌等旅游热线直达列车。

2000年10月21日零时，铁路第三次大面积提速调图全面实施。中国铁路提速网络逐步形成。全国铁路提速线路延展里程接近一万公里，初步形成了覆盖全国主要地区的“四纵两横”提速网路。进一步增开深受旅客好评的夕发朝至列车，总数达到266列；适应假日经济的需要，安排跨局旅游专列28对。夕发朝至列车、快速列车、城际列车、旅游列车、行包专列、“五定”班列、大宗货物直达列车等，客货运输品牌数量进一步增加，质量不断提高，产品结构更加合理，基本上满足了广大旅客货主不同层次运输要求，初步形成了铁路客货运输品牌系列。

2001年10月21日零时，铁路第四次大面积提速调图全面实施。第四次大面积提速调图的重点区段为京九线、武昌—成都(汉丹、襄渝、达成)、京九线南段、沪昆线和哈大线。全路提速延展里程达到13 000 km。第四次大面积提速调图进一步增开了特快列车，优化了列车运行时刻。夕发朝至列车始发时间段定为17时至23时，终时时间段定为5时至10时，更加突出夕发朝至的品牌效益。第四次大面积提速调图铺画了跨局旅游专列运行线28对，为开好旅游专列创造了条件。这次提速调图还进一步增加了行包专列数量，行包专列达到15对；优化“五定”班列开行方案。

2004年4月18日零时，铁路第五次大面积提速调图全面实施。几大干线的部分地段线路基础达到时速200 km的要求，提速网络总里程16 500多km，其中时速160 km及以上提速线路7 700多km。新增开了19对直达特快旅客列车，最高运行时速达到160 km，途中无停靠站，点到点运输；，新增开三对特快行政专列，两队对快速行政专列，增加固定车底的冷藏快运专列和集装箱快运专列。第五次大面积提速调图积极采用新技术，新装备，大范围调整了运输生产力布局。

2007年4月18日，中国铁路正式实施第六次大面积提速调图。在京哈、京沪、京广、陇海等既有线开行时速200 km甚至250 km动车组列车，在繁忙干线客货混跑，行车密度很大的情况下，密集开行了时速200 km及以上动车组，开行5 500 t重载货物列车和双层集装箱列车，既有线建成时速200 km及以上提速线路延展里程达到6 003 km。

第二节　我国高速铁路发展概况

我国的铁路在20世纪90年代以前由于长期在计划经济体制下缺乏应有的活力，加上技术、经济等条件不成熟，在京沪高速铁路的建设方式上长期论证等推迟了高速铁路进入我国的时间。20世纪90年代初期开始对既有线进行改造和进行列车提速，锻炼造就了一批高速铁路的人才，既有线提速孕育发展了我国的高速铁路。

一、中国高速铁路发展的萌芽

1. 广深准高速铁路

广深准高速铁路是中国高速铁路的萌芽。1994年10月20日，全长147 km的广(州)深(圳)准高速铁路，圆满结束了为时1个月的第一阶段行车试验，列车最高时速达到174 km。投入运营后，其旅客列车速度最大达到160 km/h。1998年8月28日“新时速”动车组在广深线正式投入运营。这是我国从瑞典引进并改造的动车组，是在高速Bom-bardierX2000摆式电动车组基础上改进而来的，其最高运营速度为200 km/h。

广深铁路开中国高速铁路先河，为后来的中国铁路大提速积累了宝贵经验。一方面我国对既有线路进行技术改造，能够开行时速 160 km 旅客列车和 200～250 km 动车组大量经验来源于此，另一方面，还为我国修建高速铁路提供技术储备和积累了大量经验。

2. 秦沈客运专线

秦沈客运专线是中国铁路步入高速化的起点。1999 年 8 月开工建设、2003 年 10 月 12 日正式开通运营的秦(皇岛)沈(阳)客运专线，全长 404 km，总投资 164 亿元人民币，是中国向世界高速铁路顶峰的一次新的冲刺。秦沈客专是一条以客运为主的双线电气化快速铁路，开通伊始的列车速度即可达到 160 km/h 以上，设计速度为 200 km/h，基础设施预留提速至 250 km/h(甚至更高)的条件，其中有 66.8 km 的试验段，设计时速达到 300 km。

秦沈客运专线的设计、施工、运营，能够为建设高速铁路提供大量的数据及资料。可以说，秦沈客运专线是中国铁路的里程碑式的建筑。它是中国自己研究、设计、施工的时速 200 km 的第一条快速铁路客运专线。它的建设和投入运营，将带动中国铁路综合技术水平的大幅度提高，并将进一步加快中国铁路客运高速化的进程。

3. 遂渝线

遂渝线是进行无砟轨道等高速铁路技术的试验线。遂渝高速铁路为国家一级干线，全长 128 km，起于四川省遂宁市，途经潼南、合川到重庆，设计时速高达 200 km。

遂渝线有我国首条成区段无砟轨道试验段。2004 年 9 月，该试验段在铁道部的主持下修建，经过近 28 个月建设完成，具有中国自主知识产权。2007 年 1 月份成功进行了试验。

遂渝线试验数据显示，高速行驶在该试验段的动车组列车，通过道岔时各项指标均在安全标准内，无砟轨道的路基结构能够满足高速列车运行的平稳性和舒适性要求，无砟轨道区段的桥梁结构能满足时速 200 km 及以上旅客列车运行的安全性要求，中国首条无砟轨道设计和建造技术达到世界先进水平。

二、中长期铁路发展规划

2004 年，铁道部颁布了《中长期铁路发展规划》，2008 年 11 月，对规划进行了调整，其中为满足快速增长的旅客运输需求，建立省会城市及大中城市间的快速客运通道，规划了“四纵四横”等客运专线以及经济发达和人口稠密地区城际客运系统，计划建设客运专线 1.6 万 km 以上。

三、“四纵”客运专线

1. 北京—上海客运专线

京沪客运专线纵贯京、津、冀、鲁、苏、皖、沪 7 省市，线路自北京南站引出，经天津、沧州、德州、济南、泰安、曲阜、徐州、蚌埠、南京、镇江、无锡、苏州至上海。线路全长约 1 320 km，北京、天津、济南、徐州、南京、上海枢纽及德州、蚌埠地区都有联络线引入，满足跨线动车组客车上下线运行。本线运行旅客列车全部为动车组，设计行车速度 350 km/h，全程运行时间 5 h 左右。

2. 杭州—宁波—福州—深圳客运专线

本线是路网规划中“八纵八横”沿海通道和“四纵四横”快速客运网中的重要组成部分，是一条以客为主兼顾货运的客运专线，兼任着东南沿海地区的货运任务。杭甬深客运专线途经浙江、福建、广东三省，自杭州经宁波、台州、温州、福州、厦门至深圳，全长 1 600 km。其中，杭州至厦门段是沿海铁路通道的组成部分。

3. 北京—武汉—广州—深圳客运专线

北京—武汉—广州—深圳客运专线从北京起，基本沿京广铁路南行，经北京市及所辖石景山、丰台、大兴、房山区，河北省保定、石家庄、邢台、邯郸市，河南省安阳、鹤壁、新乡，与其他客运专线交汇于郑州市，在许昌以东，漯河、驻马店以西，信阳以东设站，越九里关后直奔武汉，经武广客运专线到达广州，最后到达深圳。石武全线共设 17 个车站，即石家庄站、高邑西站、邢台东站、邯郸东站、安阳东站、鹤壁东站、新乡东站、郑州东站、许昌东站、漯河西站、驻马店西站、明港东站、信阳东站、大悟站、(蔡店站)、(横店东站)、武汉站，并预留新新郑车站设站条件。郑州—武汉段沿线共设车站 10 个，其中大型始发站有郑州东站、武汉站 2 个站，中型中间站有信阳东站(可办理部分始发终到旅客列车作业)、许昌东站、漯河西站、驻马店西站等 4 个中型站，小型中间站有明港东站、大悟站 2 个，越行站有蔡店站和横店东站 2 个(不办理客运业务)。

4. 北京—沈阳—哈尔滨(大连)客运专线

北京—沈阳—哈尔滨(大连)客运专线从北京引出，途径津、冀、辽、吉、黑五省市到达哈尔滨，是北京连接东北三省的重要客运通道。京哈客运专线走向大体上与既有京哈铁路平行，自北京经天津、秦皇岛、沈阳、长春至哈尔滨(含沈阳至大连段)，全长约 1 800 km。

5. 徐州—郑州—兰州客运专线

徐州—郑州—兰州客运专线是一条连接我国东部和西北地区的客运专线，徐兰客运专线自徐州经郑州、洛阳、西安、宝鸡至兰州，全长约 1 400 km，线路走向大体上与既有陇海铁路平行。

6. 杭州—南昌—长沙客运专线

杭州—南昌—长沙客运专线是一条横贯中国东中部的客运专线，与北京—武汉—广州—深圳客运专线交汇于长沙。浙赣铁路是沪昆通道的重要组成部分，途经我国经济最活跃、最发达的华东地区，是全国六大繁忙铁路干线之一。杭长客运专线自杭州经金华、鹰潭、南昌至长沙，线路走向大体上与既有浙赣铁路平行，全长约 880 km。

7. 青岛—石家庄—太原客运专线

青岛—石家庄—太原客运专线除开行客运列车外，还要担负一定量的货运功能。全线为电力牵引，运行自动控制，考虑铁路和公路的竞争力，建成后的高速铁路为双线，列车时速设计在 200 km 以上。可摆脱目前客运无法满足运量增长、质量提高的困境，减少因运能不足而对经济发展和旅客带来的损失。

8. 南京—武汉—重庆—成都客运专线

宁汉蓉客运专线自南京、合肥、武汉、宜昌、重庆至成都，全长约 1 600 km。横跨我国长江经济带苏、赣、皖、鄂、川、渝六省市，经过合肥、六安、麻城至武汉，中穿大别山腹地，经重庆到达成都，沿途经过苏、皖、鄂、渝、川等省市，横贯中国东中西部。

四、建成通车的高铁介绍

1. 京津城际

京津城际铁路是我国第一条拥有完全自主知识产权、具有世界一流水平的高速铁路。铁路全长 120 km，列车运行最高时速 350 km。该工程于 2005 年 7 月开工建设，2007 年 12 月全线铺通，2008 年 8 月 1 日通车运营。

2. 石太客运专线

石太铁路客运专线是中国开工最早的高速铁路，是继京津城际铁路等客运专线投入运营后，铁路建设上的又一大“亮点”。该工程于2005年6月11日开工，于2009年4月1日正式通车。线路全长212 km，目标时速为250 km。石太客运专线起自石家庄北站，途经阳泉北站，止于太原站，该线具有桥梁多、隧道多、隧道长的特点，全线共有桥梁94座、隧道32座，隧道长度占全线的58.7%。其中，全长27.8 km的太行山隧道是目前我国建成通车最长的铁路山岭隧道。

3. 甬台温客运专线

甬台温客运专线，自宁波经台州市至温州。全线长268 km，是一条以客运为主、客货兼顾的国家一级铁路。建设技术标准为一级双线电气化铁路，设计时速为200 km，预留时速可提升到250～300 km，现在运行时速基本为250 km。2005年10月动工，2009年8月1日开通货车，2009年9月28日开通动车组。

4. 武广高铁

武广客运专线为京广客运专线的南段，位于湖北、湖南和广东境内，于2005年6月23日在长沙首先开始动工。全长约1 068.8 km，投资总额1 166亿元。2009年12月26日正式运营。设计时速350 km，最高实验时速394 km。

5. 郑西高铁

郑西高速铁路客运专线为双线，线路穿越豫西山地和渭河冲积平原，南倚秦岭，北临黄河，沿线80%区段为黄土覆盖，湿陷性黄土区施工技术是最大的技术难题。该工程于2005年9月25日正式开工，2010年2月6日正式投入运营；全长484.518 km，桥梁和隧道长度占全长的59.75%；设计时速为350 km。

6. 福厦高铁

福厦铁路属国家Ⅰ级双线电气化铁路干线，是福建省第一条城际间快速客货运通道，北起福州，经福清、莆田、泉州、晋江，到达厦门，全长273 km，全线设14个车站，设计速度为250 km/h，预留300 km/h，2005年10月动工，2010年4月26日正式开始客运运营。

7. 成灌高铁

成灌高铁起于成都北站，止于都江堰市青城山镇，2008年11月4日开建，2010年5月1日正式开通运行。

8. 沪宁城际铁路

沪宁城际铁路，是在中国上海与江苏省南京市之间建设联系区域内部交通的高速铁路规划，从2008年7月开始兴建。2010年7月1日上午8时，上海虹桥站和南京站同时相向发出首列动车，世界上标准最高、里程最长、运营速度最快的城际高速铁路——沪宁城际高铁正式开通运营。

9. 昌九城际高铁

中国第二条城际铁路，江西省第一条城际铁路——昌九城际铁路于2007年6月28日正式开工。作为继京津城际铁路交通建设后的全国第二条城际铁路，起点位于九江庐山站，出庐山站后沿京九铁路东侧而行，终点为南昌北站，并与现有的京九铁路相连，引入南昌站。于2010年9月20日正式开通运营。

10. 沪杭高铁

沪杭城际高速铁路，连接上海与杭州，是中国“四纵四横”客运专线网络中沪昆客运专线的一个组成部分。该工程连接上海、杭州两大城市，由上海虹桥站引出，经松江南—金山北—嘉善南—嘉兴南—桐乡—海宁西—余杭南引入杭州东站，并通过联络线与上海站、杭州站相接，正线全长 160 km，其中 87%为桥梁工程，全线设车站 9 座。设计时速为 350 km。工程自 2009 年 2 月 26 日动工，2010 年 10 月 26 日正式通车营运。

11. 京沪高铁

京沪高速铁路于 2008 年 4 月 18 日开工，从北京南站出发终止于上海虹桥站，总长度 1 318 km，总投资约 2 209 亿元。它的建成使北京和上海之间的往来时间缩短到 5 h 左右。全线纵贯北京、天津、上海三大直辖市和河北、山东、安徽、江苏四省。是新中国成立以来一次建设里程最长、投资最大、标准最高的高速铁路。2011 年 6 月 30 日正式开通运营。

12. 广深港高速铁路(广深段)

广深港铁路客运专线是国家《中长期铁路网规划》中规划“四纵四横”铁路客运专线之一的北京—武汉—广州—深圳铁路客运专线的组成部分，同时具有珠三角地区城际快速轨道交通的功能。2005 年底动工，自广州南站，沿线设庆盛、虎门、光明城等 3 个车站，止于深圳北站，线路全长 102.5 km。运营初期最高时速 300 km。2011 年 7 月 26 日试运行，2011 年 12 月 26 日运行。

第二章　高速铁路主要行车设备

第一节　动　车　组

动车组是自带动力、固定编组、两端均有司机驾驶室的旅客运输工具,高速铁路的动车组按动力配置类型可分为动力集中式和动力分散式,动力分散式具有轴重小,起动、停车平稳、制动距离短等突出优点,是高速动车组的发展方向。

一、动车组的构成

动车在通常由以下各部分组成。

(一)车　　体

动车组车体分为带司机室和不带司机室车体两种。

(二)转 向 架

转向架是保证列车运行品质和安全的关键部件。

(三)车辆连接装置

车辆编组成列车运行必须借助于连接装置,其中,机械连接包括车钩缓冲装置和风挡等;同时还有车辆之间的电器和空气管路的连接、高压电器连接、辅助系统和列车供电连接以及控制系统连接等。

(四)制动装置

制动装置是保证列车安全运行所必需的装置。

(五)车辆内部设备

车辆内部设备是指服务于乘客的车内固定附属装置。

(六)牵引传动系统

牵引传动系统包括:主电路、高压设备、受电弓、主断路器、其他高压设备、主变压器、牵引交流器、牵引电机及电传动系统的保护等。

(七)辅助供电系统

辅助供电系统供电的设备包括:空气压缩机、冷却通风机、油泵/水泵电机、空调调节系统、采暖设备、照明设备、旅客服务设备、应急通风装置及维修用电等。

二、动车组技术特点及分类

(一)动车组技术特点

动车组一般普遍具有高速、高效、经济、灵活等特点。

高速动车组集成了一系列当代高新技术:交流传动技术、复合制动技术、高速转向架技术、高强轻型材料与结构、减阻降噪技术、密封技术、高速受电弓技术、现代控制与诊断技术。

动车组特点主要包括:固定编组、动力集中或动力分散、密接车钩、整体运用、整体保养检修、大修前不解体、采用网络控制、交流传动/液力传动、制动系统完整设计。

高速动车组的特点主要包括：头部流线型；车体轻量化技术；高速转向架；高速受流技术；车厢密闭、空调换气；高功率重量化；低噪音、低轮轨力；配备现代化动车段、综合维修基地。

（二）动车组分类

按牵引动力方式可分为内燃动车组和电力动车组。

按动力配置方式可分为动力集中式动车组和动力分散式动车组。

三、我国动车组车型介绍

目前，我国大部分动车组是引进、消化、吸收国外动车组先进技术自行制造的，中国铁路高速动车组简称“中国铁路高速”，CRH 是 China Railway High-speed 的缩写。

（一）原型车的选择

CRH_1——（BSP 庞巴迪）动车组，编组 8 辆，定员 668 人，运营时速 200～250 km，牵引功率 5 300 kW，不锈钢车体，轴重小于 16 t（见图 2-1）。

CRH_2——四方股份（川崎重工）动车组，编组 8 辆，定员 610 人，运营时速 200～250 km，牵引功率 4 800 kW，铝合金车体，轴重小于 14 t。运营时速 300～350 km，总牵引功率 7 200 kW（见图 2-2）。

图　2-1

图　2-2

CRH_3——唐山工厂（西门子）动车组，编组 8 辆，定员 557 人，运营时速 300～350 公里，牵引功率 8 800 kW，铝合金车体，轴重小于 17 t（见图 2-3）。

CRH_5——长客股份（阿尔斯通），编组 8 辆，定员 622 人，运营时速 200～250 km，牵引功率 5 500 kW，铝合金车体，轴重小于 17 t（见图 2-4）。

图　2-3

图　2-4

（二）动车组编组中的车种代码

车种代码是汉语拼音缩写，分别为：一等座车 ZY，二等座车 ZE，软卧车 RW，硬卧车 YW，餐车（含酒吧车）CA，二等座车/餐车 ZEC，餐车卧车合造车 CW。

（三）动车组的型号和列车编号的构成（见图 2-5）

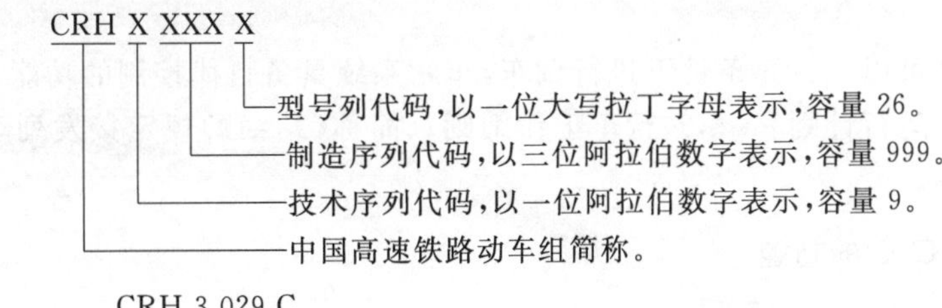

如：

CRH 3 029 C

- C：运行速度 350 km/h、8 辆编组、座车（A 运行速度 200 km/h，B 运行速度 275 km/h，C 运行速度 350 km/h）
- 029：制造顺序第 29 列
- 3：唐山工厂制造的 3 型动车组
- CRH：中国高速铁路动车组

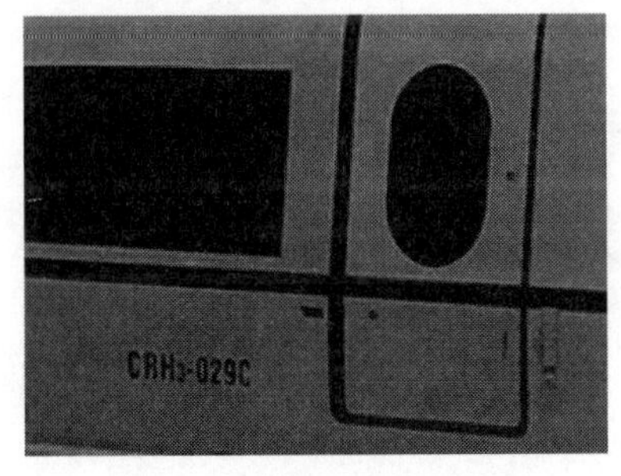

图　2-5

图　2-6

（四）动车组中车辆的车种和编号的构成（见图 2-6）

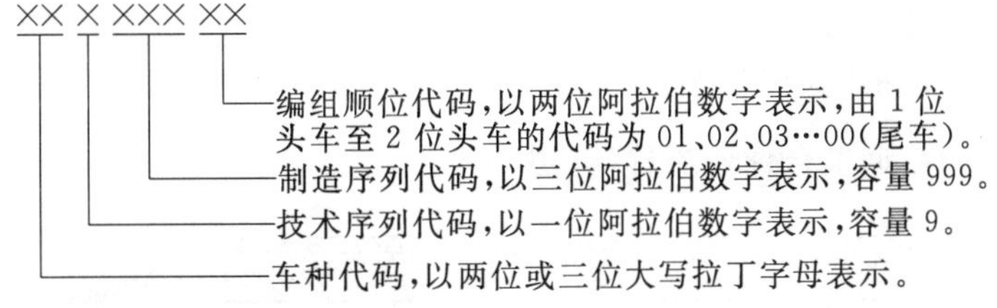

如：

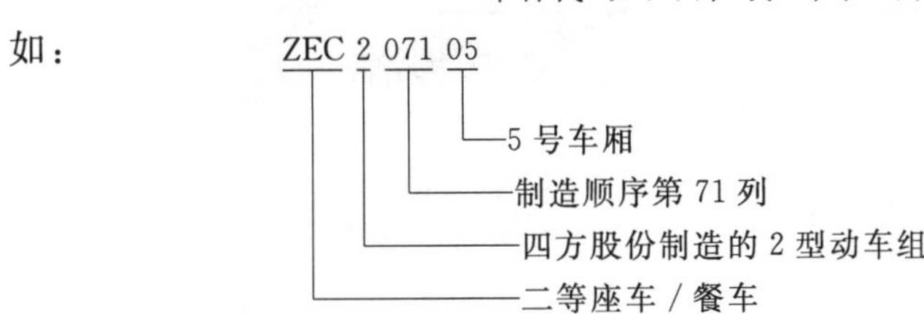

第二节　CTC 设备及操作

一、关于 CTC 的几个重要概念

1. 调度集中 CTC（Centralized Traffic Control）

调度集中是指对某一区段内的信号设备进行集中控制，对列车运行直接指挥、管理的技术装备。

2. 分散自律调度集中 FZk-CTC (Fensan Zilv kasike-CTC)

分散自律调度集中系统是综合了计算机技术、网络通信技术和现代控制技术，采用智能化分散自律设计原则，以列车运行调整计划控制为中心，兼顾列车与调车作业的高度自动化的调度指挥系统。

3. 分散自律

(1)分散：车站可以在自律条件下进行调车，车站系统具备自律控制的功能。

(2)自律：按照运行计划和《车站行车工作细则》(简称《站细》)规定接发列车，列车进路和调车进路可靠隔离。

二、分散自律 CTC 的功能

1. 列车运行实时显示及区段透明。
2. 车次号追踪及早晚点显示。
3. 列车到发点自动采集及实际运行图自动描绘。
4. 行车计划自动调整与下达。
5. 调度命令与阶段计划下达。
6. 列车速报、甩挂车作业及站存车信息。
7. 临台间信息交换及分界口信息显示。
8. 车站行车日志自动生成。
9. 车站站间透明及语音提示。
10. 列车作业和调车作业实现分散自律控制。
11. 信号设备集中自动控制。
12. 列车进路按计划自动排路。
13. 中间站调车作业纳入。
14. 无线列车进路预告。
15. 无线调度命令/行车凭证发送。
16. 进路智能冲突检测。
17.《站细》数据库纳入集中控制。

三、分散自律 CTC 调度台作业流程(见图 2-7)

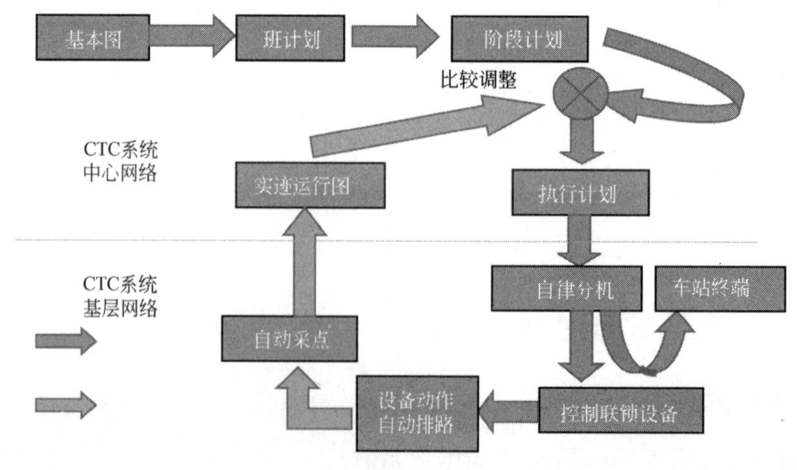

图　2-7

四、分散自律调度集中与其他系统的结合

(一)分散自律调度集中系统与GSM-R系统的结合(见图2-8)

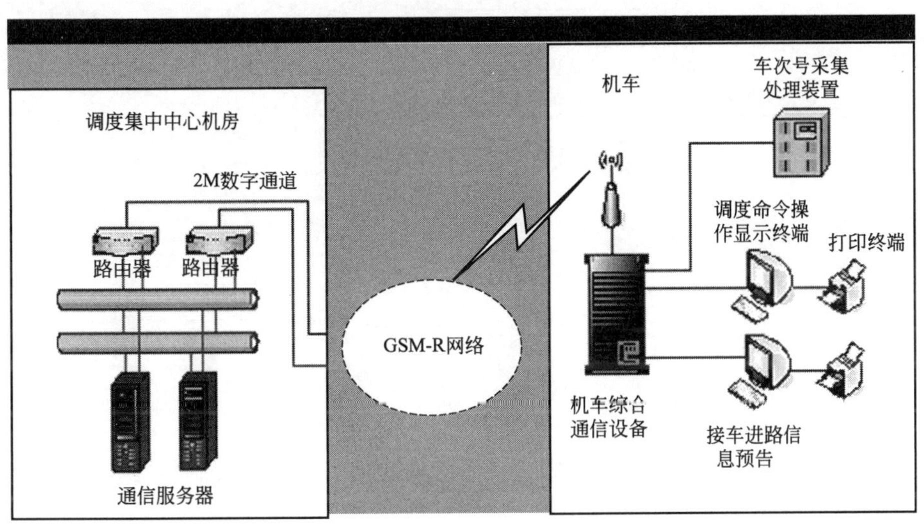

图　2-8

1. 图形化进路自动预告。
2. 无线调度命令传输(含行车凭证)。
3. 无线调车作业单传输。
4. 无线调车机车信号和监控。
5. 无线车次号校核。
6. 列车停稳以及列车完整性信息。

(二)分散自律调度集中系统与TMIS系统结合(见图2-9)

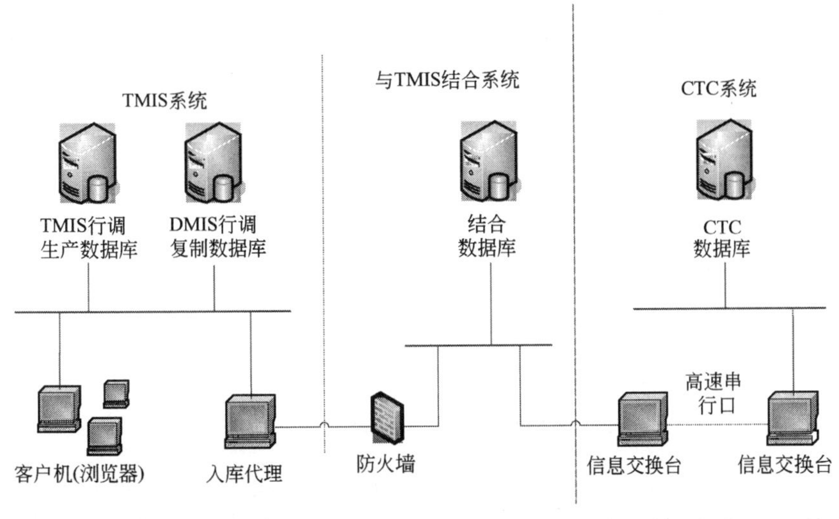

图　2-9

1. TMIS向TDCS/CTC提供列车编组信息、日班计划、基本图等信息。

2. TDCS/CTC 向 TMIS 提供列车到发信息(实际图)、调度命令、列车甩挂作业、站存车、小编组等信息。

(三)分散自律调度集中系统与列控系统结合(见图 2-10)

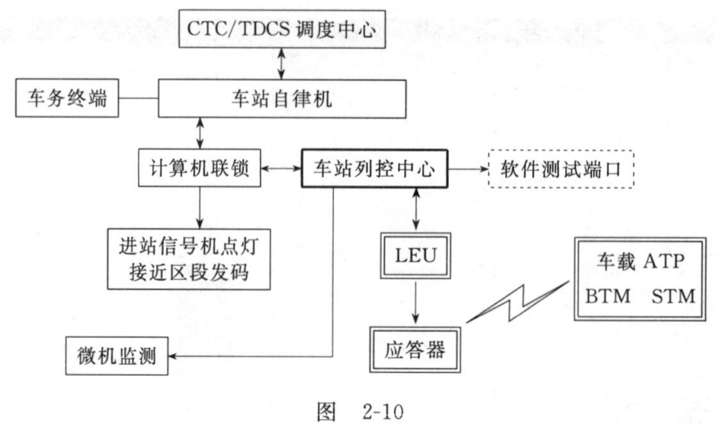

图 2-10

1. 车站列控中心是设于各车站的列控核心安全设备,采用冗余的硬件结构。

2. 列控中心根据调度命令、进路状态、线路参数等产生进路及临时限速等相关控车信息,通过有源应答器和轨道电路传送给列车。

3. CTC 自律机向列控中心发送临时限速信息,包括起点里程、长度、速度、起止车次和时间等。

(四)分散自律调度集中系统与 TDCS 系统的结合

1. TDCS 是 CTC 的基础,CTC 是 TDCS 的功能增强和延伸。

2. TDCS 以实时监视和列车运行计划(运行图)管理为功能主体,CTC 以车站控制、自动按图排路和行车指挥自动化为功能主体。

3. TDCS 为 CTC 提供列车运行计划、车次跟踪状态、信号设备状态等重要信息。

五、车站 CTC 系统设备配置

1. 车站应用终端

(1)车务终端(双机双屏)。

(2)车站综合维修终端(无人站配置)。

2. 车站分机系统

(1)车站自律机(双机热备)。

(2)车站采集控制系统。

(3)车站网络通信系统。

(4)车站电源、防雷、综合接地系统。

六、FZK-CTC 分散自律调度集中设备车站有关作业

分散自律是分布式人工智能和自动化领域的新概念,具体到铁路调度系统,是指车站与调度中心各自独立,自成体系,灵活组合,由高可靠性的双环网络结构联接在一起,可由中心通过给车站系统发命令的方式统一控制,也可由车站根据预定的规则和计划信息自动产生控制命令,也可由人工发命令控制。车站子系统可根据各个车站的站细规则和实际行车

状况自我检查约束。中心可远程查看车站各方面信息，并可远程控制车站设备操作。车站可以在中心远程控制下工作，而即使与中心断开，也可以自行保证安全。

分散自律调度集中系统结构（车站）见图 2-11。

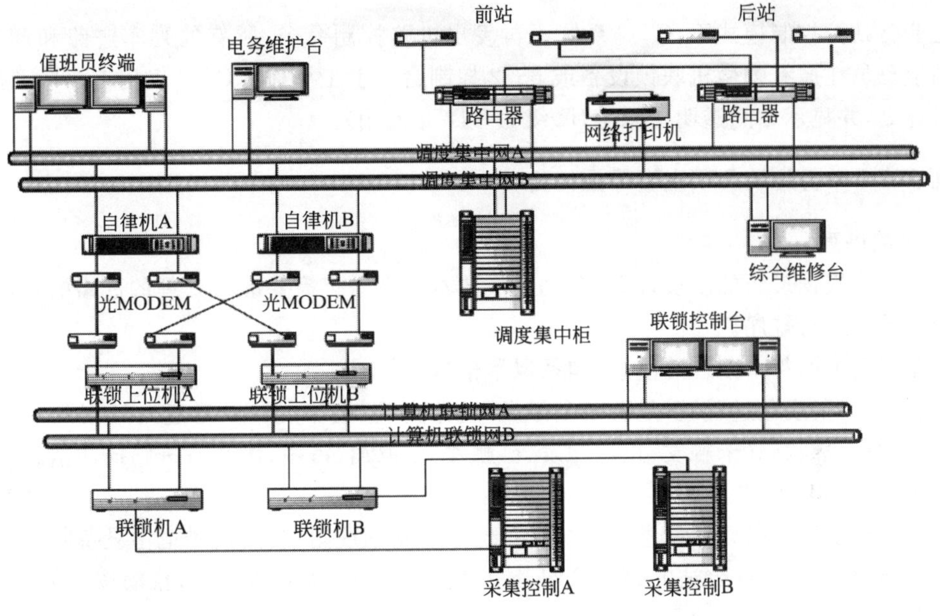

图　2-11

七、分散自律的三种操作方式

1. 中心控制操作方式

中心操作方式适用于较小的中间站或者无人站，信号设备控制权限划分如下：

(1)中心具有信号设备的全部控制权，包括列车进路序列、列车进路按钮、调车进路序列、调车进路按钮以及其他功能性控制操作。

(2)车站无直接控制权限。

2. 车站调车操作方式

中心对列车进路有操作权，对调车进路无操作权；车站对调车进路有操作权，对列车进路无操作权；适用于大多数 CTC 控制车站，信号设备控制权限划分如下：

(1)列车进路序列、列车进路按钮由中心控制。

(2)调车进路序列、调度进路按钮由车站控制。

(3)道岔的单操、单锁、单解、单封中心和车站均可操作。

(4)功能按钮：半自动闭塞按钮、坡道按钮、上电解锁按钮、允许改方、总取消按钮，中心和车站均可操作。

(5)对于封锁操作，在该操作方式下遵循“谁封锁，谁解锁”的原则，即调度员封锁的设备，车站无法解锁；车站封锁的设备，调度员无法解锁。

3. 车站控制操作方式

车站控制方式适用于较大型车站，信号设备控制权限划分如下：

(1)车站具有全部信号设备的控制权，包括列车进路序列、列车进路按钮、调车进路序列、调车进路按钮以及其他功能性控制操作。

(2)中心无直接控制权限。

八、非常站控

在非常站控控制模式下,CTC系统不再发出进路控制命令,所有的列车进路和调车进路由车站值班员在原有的微机联锁设备或6502控制台上手工操作。CTC仅用来接收调度命令和阶段计划,并显示站间透明信息等(降级为TDCS使用)。

九、CTC车务终端几项主要作业内容

1. 进路序列

指本系统根据最新的阶段计划,自动生成的本站下一步需要准备办理的进路的列表,根据时间由近及远进行排序。

进路序列中的每一条进路信息,包括以下信息:

车次号;接车或通过股道;是否自动触发;进路类型(接车、发车、通过);计划到发时间;进路状态,存在6种状态(未触发、正在触发、已触发、已取消、占用、出清);进路描述信息。

2. 自动触发进路

指本系统根据阶段计划信息、车次号信息、本站站细规则、当前信号道岔设备状态、列车位置等一系列约束条件,在合适的接近区间,或指定的提前时间量到达时,自动按计划排列接发列车进路。不需要人工干预。

自动排列进路的具体工作原理是,由车站自律机根据进路序列,自动产生操作命令,发往微机联锁设备,或通过驱动电路驱动6502设备,具体的进路联锁关系仍由联锁设备保证。

3. 人工触发进路

指人工从现有的进路序列中选择一条进路,开始进行排路操作,不再等待自动触发时系统规定的触发时机,人工触发时,依然要根据现有阶段计划、车次号信息、本站站细规则、当前信号道岔设备状态、列车位置等一系列约束条件进行安全性检查,只是排列进路的时机由人工操作决定。

4. 计划控制

是指车站子系统是否将收到的列车运行计划作为检查进路合理性的依据,一般是检查列车进路和调车进路是否存在冲突。如果此项前面打勾,即表示自律机将收到的列车运行计划作为检查进路合理性的依据。如果有计划控制,则站场图上每个车站站名下的“计划控制”表示灯亮绿色。

5. 按图排路

表示车站自律机根据列车运行计划和调车作业计划生成进路序列指令,并自动触发执行。

6. 手工排路

表示车站系统自律机只执行人工直接按钮操作,计划和进路序列失效。

直接通过点按进路始终端按钮的方式来建立进路,跟传统的微机联锁操作或6502控制台操作类似。如果用户手工排列的进路能够通过联锁条件检查,则建立进路,否则无法建立该进路。

在手工排路时,系统会要求用户输入当前手工办理的这条进路所对应的车次号,如果用户输入了车次号,系统会根据该车次号,在当前进路序列中进行对比检查,当手工建立的进路与

进路序列窗中的这一车次的进路吻合时，进路序列中这一进路也会显示其状态为触发执行。如果用户没有输入车次号，则不会进行对应进路的检查。

十、CTC 系统用户界面及操作

车务终端软件根据使用者的不同显示不同的界面，车站值班员包含站场显示和控制、运统报表及调车作业单管理；操作员包含站场控制和调车作业单管理。所有界面均有主菜单、工具栏、主操作区、状态栏等组成。

（一）站场控制界面（见图 2-12）

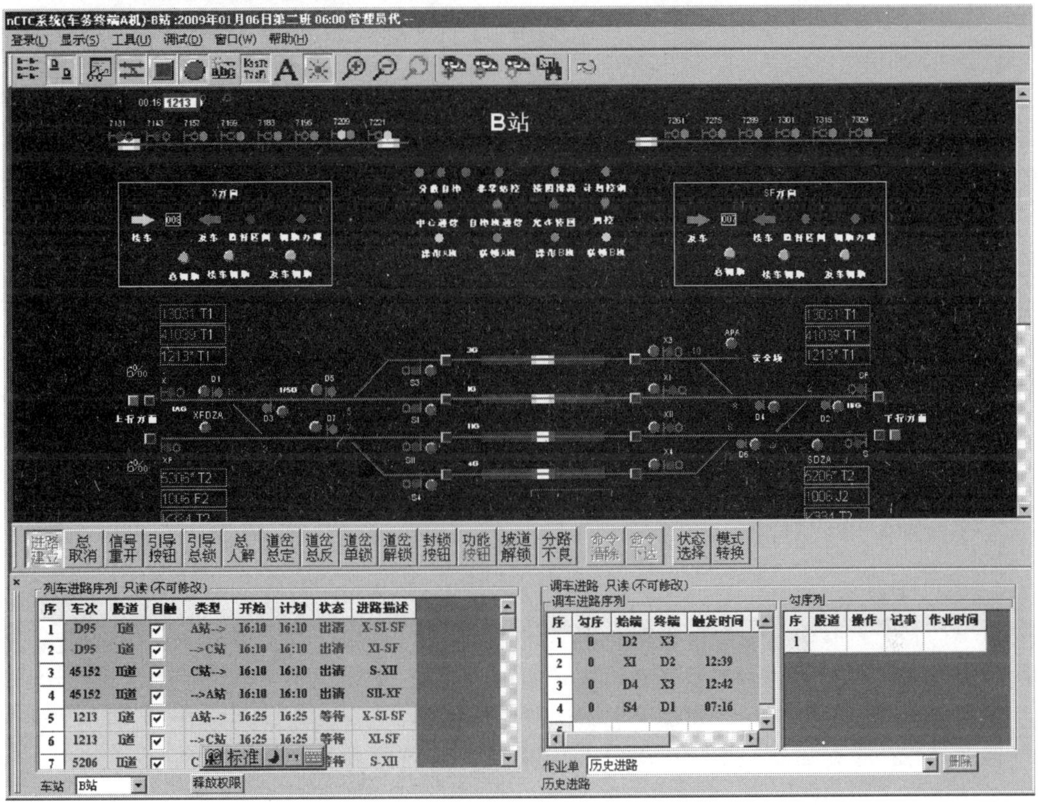

图　2-12

这一界面主要用来接发列车进路操作，控制操作站场设备，并可以切换到多站画面，显示站间透明信息，查看上下行各两个站及区间的行车状况、股道占用、车次跟踪等信息。

（二）登录与交接班界面操作

1. 用户登录

当重新启动车务终端或用户换班需重新登录而点击菜单[登录]时，就弹出如图 2-13 所示对话框。

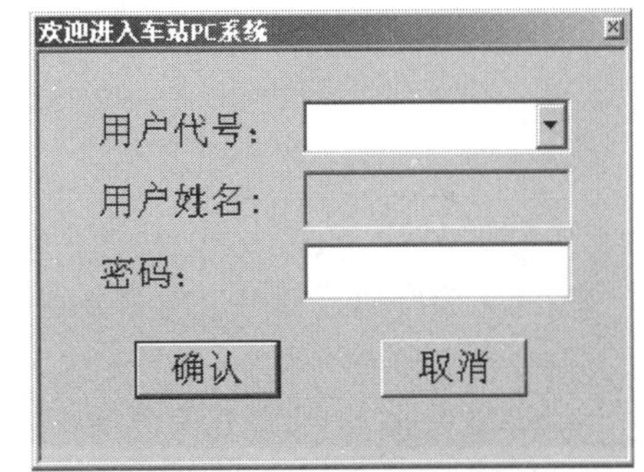

图　2-13

在填入正确的值班人姓名和密码就可顺利登录，登录成功后在运统报表和调度命令签收时会显示正确的值班人姓名，否则只能查看。

当车务终端第一次运行时，可使用用户代号、密码登录，然后通过用户管理对话框添加本车站使用的用户，最后，登录所需用户就可使用车务终端了。当添加了管理员用户后，用户代号就存在密码了。该站的用管理员用户一般为该站站长(或站长指定的人)，管理员负责添加本站的所有用户，密码由各用户自定。

当用户正确登录后，运统报表相应位置显示如图 2-14 所示。

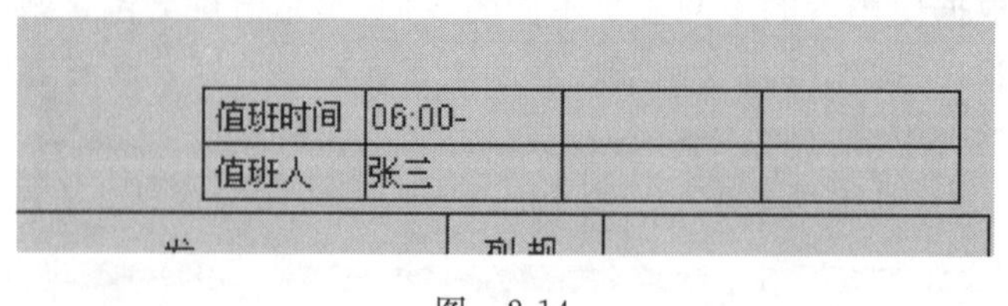

图　2-14

在同一班内，多名值班员登录时，运统报表将记录此多名值班员姓名，如图 2-15 所示(最多显示三名值班员)。

图　2-15

如果某些站车站值班员夜班分为前夜班和后夜班时，按如下方法处理：首先前夜班值班员登录使用车务终端，记录登录时间，后夜班值班人登录后也会记录登录时间。如要签收调度命令、阶段计划、阶段记事均以当前值班员名义。并将此二人姓名同时记录下来。

2. 用户注销

当用户有事暂时离开而不希望他人随便操作车务终端时，可注销用户。注销后和未登录的效果相同。

图　2-16

点击菜单[登录][注销]会弹出如下图 2-16 所示提示框。

选择[确定]按钮后就实现注销用户，运统报表相应位置显示如图 2-17 所示。

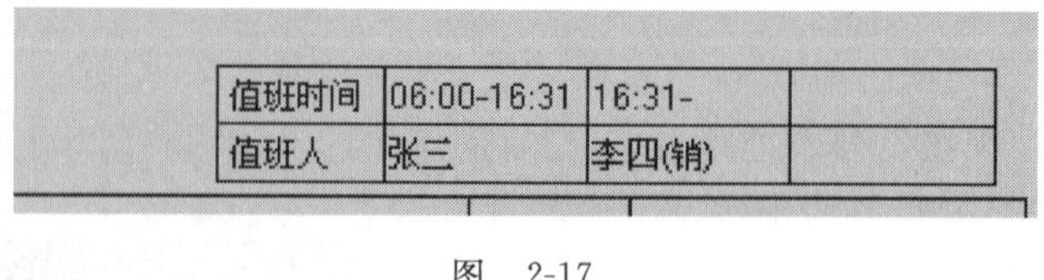

图　2-17

3. 退出

退出的概念是退出应用程序，一旦退出，则车站的 nCTC 功能全部消失，故请车站值班员不要使用此菜单。点击菜单[登录][退出]会弹出如下图 2-18 所示对话框。

输入正确密码后即可退出车务终端，密码可向车站电务人员索取。

(四)设定控制模式

1. 非常站控与 CTC 之间的模式转换

(1)分散自律模式→非常站控模式：无条件转换，按下联锁控制界面的“非常站控”按钮转换。

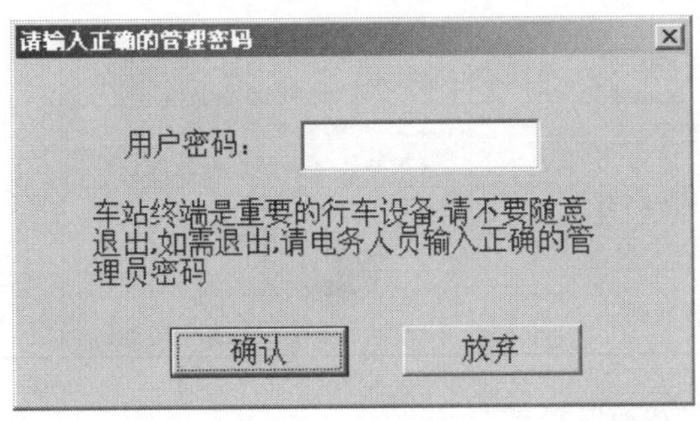

图　2-18

(2)非常站控模式→分散自律模式:有条件转换,在联锁控制界面上的“允许自律控制”表示灯亮黄灯时,按下“非常站控”按钮转换。

2. CTC 三种操作方式之间的转换

在车务终端单站控制界面上(见图2-19)。

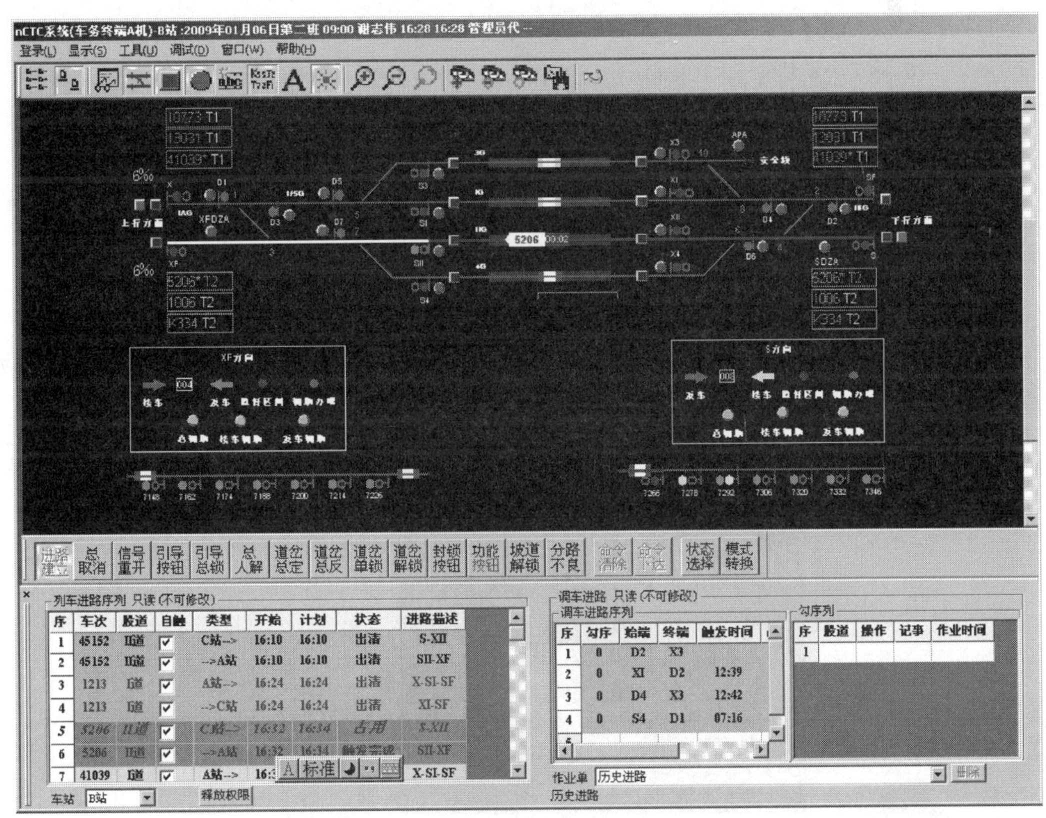

图　2-19

车站当前的操作方式为红色表示,并且有呈选中状态,选择需要转换的目标操作方式,点击确定。如果转换成功,则单站控制界面上部的相应操作方式表示灯会亮绿色。

(1)如果是调度中心提出模式申请,则有以下关系,见表 2-1。

表 2-1

源方式 \ 目的方式	中心控制操作方式	车站控制操作方式	车站调车操作方式
中心控制操作方式		需要车站同意（车站控制表示灯绿色闪烁）	直接转换
车站控制操作方式	需要车站同意（中心控制表示灯绿色闪烁）		需要车站同意（车站调车表示灯绿色闪烁）
车站调车操作方式	直接转换	需要车站同意（车站控制表示灯绿色闪烁）	

调度中心申请转换车站控制模式：

①中心控制→车站控制

需要车站同意，中心申请后站名下的车站控制表示灯绿色闪烁，车站同意申请后中心控制绿灯灭，车站控制表示灯亮绿色。

②中心控制→车站调车

直接转换即可。

③车站控制→中心控制

需要车站同意，中心申请后站名下的中心控制表示灯绿色闪烁，车站同意申请后车站控制绿灯灭，中心控制表示灯亮绿色。

④车站控制→车站调车

需要车站同意，中心申请后站名下分散自律表示灯绿色闪烁，车站同意申请后车站控制绿灯灭，车站调车表示灯亮绿色。

⑤车站调车→中心控制

直接转换即可。

⑥车站调车→车站控制

需要车站同意，中心申请后站名下的车站控制表示灯绿色闪烁，车站同意申请后车站调车绿灯灭，车站控制表示灯亮绿色。

此时如果需要车站同意的话，目的操作方式表示灯呈绿色闪烁，图 2-20 中中心提出申请：

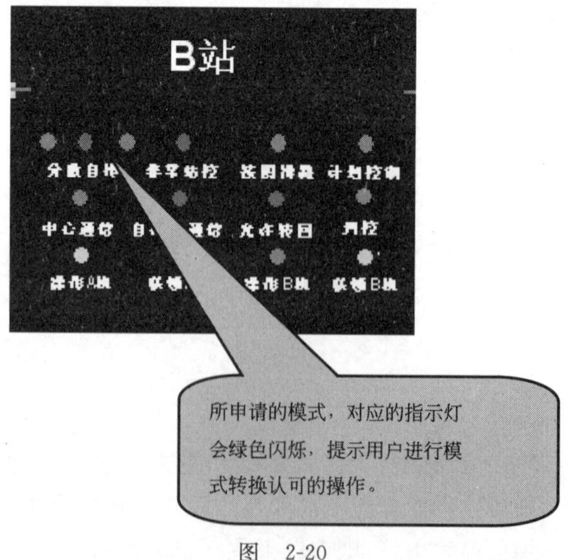

图 2-20

中心操作方式→车站操作方式。

(2)如果是车务终端提出模式申请，则有以下关系，见表 2-2。

表 2-2

目的方式 源方式	中心控制操作方式	车站控制操作方式	车站调车操作方式
中心操作方式		需要中心同意、（车站控制表示灯黄色闪烁）	无权申请
车站控制操作方式	需要中心同意（中心控制表示灯黄色闪烁）		需要中心同意（车站调车表示灯黄色闪烁）
车站调车操作方式	无权申请	需要中心同意（车站控制表示灯黄色闪烁）	

①中心控制→车站控制

需要中心同意，车站申请后站名下的车站控制表示灯黄色闪烁，车站同意申请后中心控制绿灯灭，车站控制表示灯亮绿色。

②中心控制→车站调车

无权申请。

③车站控制→中心控制

需要中心同意，车站申请后站名下的中心控制表示灯黄色闪烁，中心同意申请后车站控制绿灯灭，中心控制表示灯亮绿色。

④车站控制→车站调车

需要中心同意，车站申请后站名下车站调车表示灯黄色闪烁，中心同意申请后车站控制绿灯灭，车站调车表示灯亮绿色。

⑤车站调车→中心控制

无权申请。

⑥车站调车→车站控制

需要中心同意，车站申请后站名下的车站控制表示灯黄色闪烁，中心同意申请后车站调车绿灯灭，车站控制表示灯亮绿色。

此时如果需要中心同意的话，目的操作方式表示灯呈黄色闪烁，图 2-21 中车务终端提出申请：车站操作方式→车站调车操作方式。

当调度台提出操作方式转换申请时，站场图相应的操作方式表示灯闪烁，此时可以点击模式转换菜单中的“同意模式申请”选项。

其中红色的表示当前的车站操作方式，黄色的表示申请的目的方式，同意就在“同意”前面打勾，点击“确定”。如果操作方式转换成功则状态表示灯就会发生切换。

(五)计划控制状态选择(见图 2-22)

点击 状态选择 ，出现如图 2-23 所示的对话框。

此对话框中列出当前具有控制权限的车站，其中的“计划控制”是指自律机是否将收到的列车运行计划作为检查进路合理性的依据，一般是检查列车进路和调车进路是否存在冲突。如果此项前面打勾，即表示自律机将收到的列车运行计划作为检查进路合理性的依据。如果

B站
所申请的模式，对应的指示灯会闪烁，提示用户进行模式转换认可的操作。

图 2-21

登录(L) 显示(S) 工具(U) 调试(D) 窗口(W) 帮助(H)
B站
进路建立 总取消 信号重开 引导按钮 引导总锁 总人解 道岔总定 道岔总反 道岔单锁 道岔解锁 封锁按钮 功能按钮 坡道解锁 分路不良 命令清除 命令下达 状态选择 模式转换
列车进路序列 只读(不可修改)
调车进路 只读(不可修改)
调车进路序列
勾序列
作业单 历史进路
CTC工具条上的“状态选择”是对进路控制模式的选择。

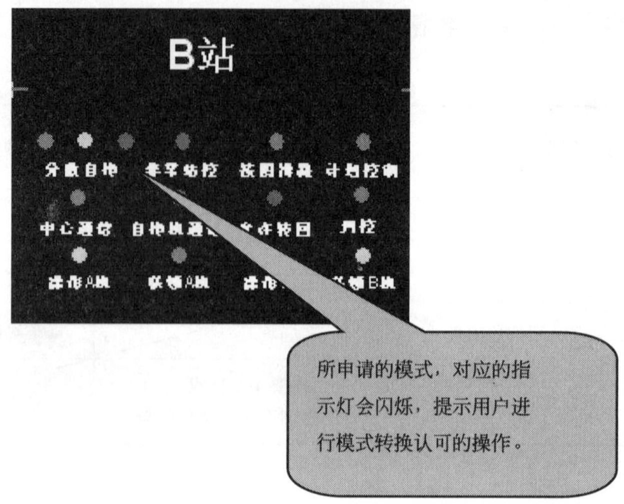

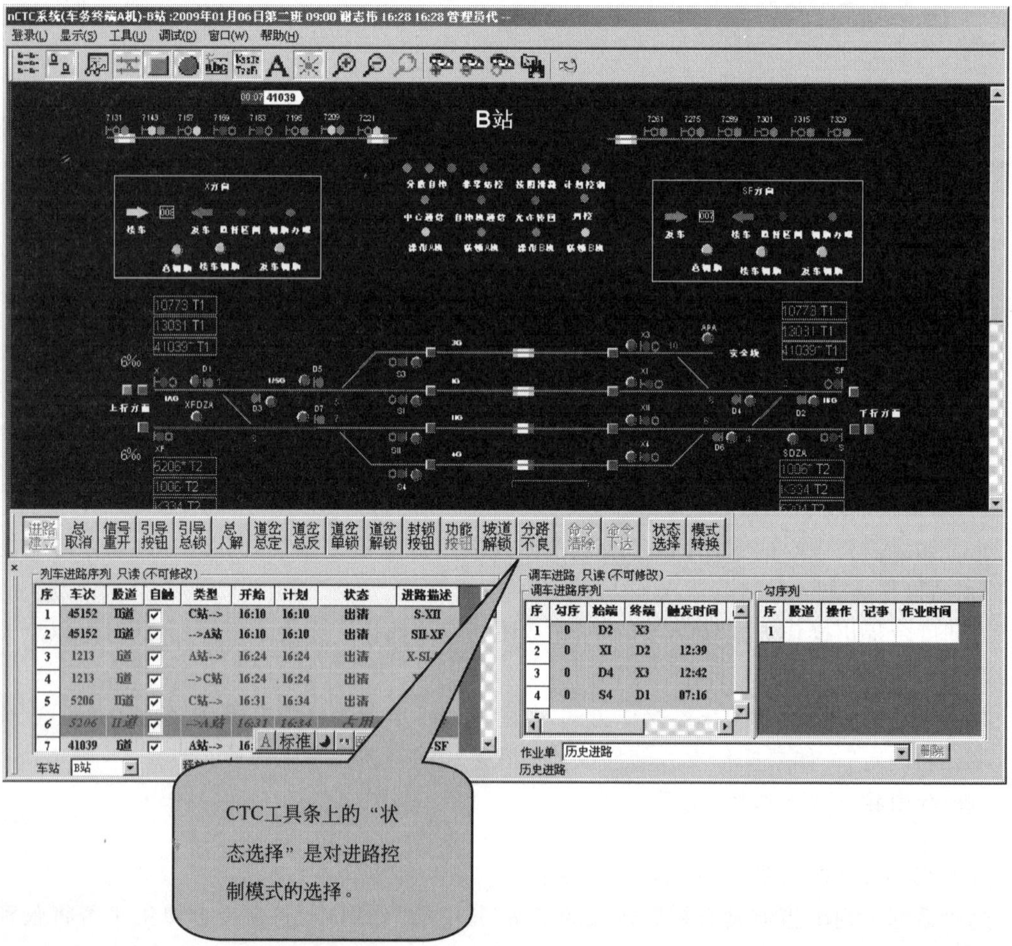

图 2-22

有计划控制，则站场图上每个车站站名下的“计划控制”表示灯亮绿色，如图 2-24 所示。

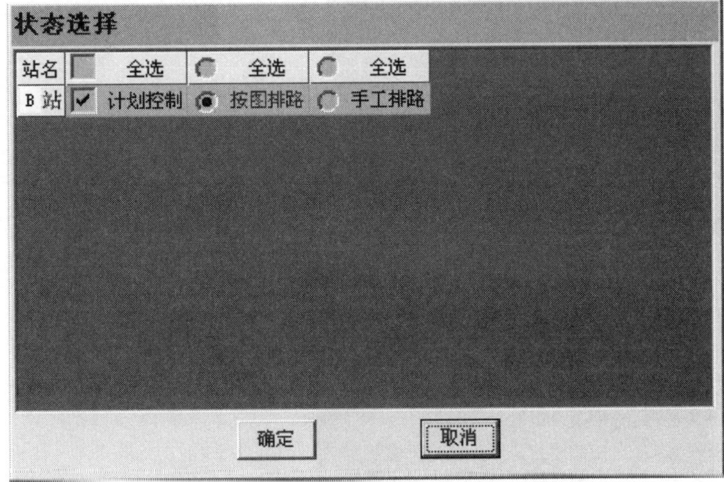

图　2-23

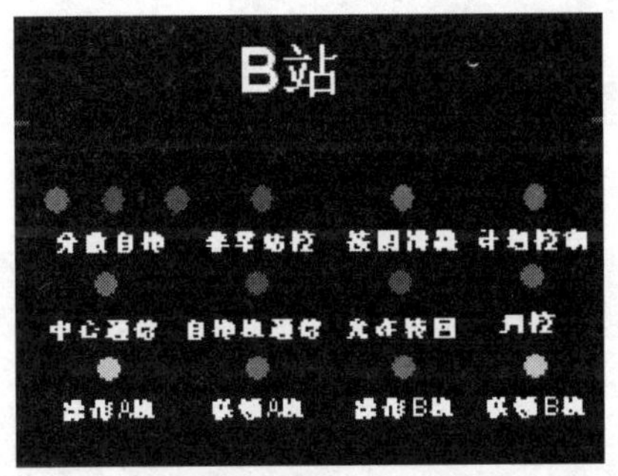

图　2-24

注意：“计划控制”只有在“按图排路”状态下起作用，即在按图排路时，如果出现调车进路和列车进路有冲突时，而此时又需要办理调车进路，则需要将“计划控制”勾去掉。

后面的两个选项为二选一的选项，即“按图排路”和“手工排路”两个之中只能选一个，当前车站的进路控制模式为红色显示，并且在车站站名称的表示灯处也呈绿色。

按图排路：表示自律机根据列车运行计划和调车作业计划生成进路序列指令，并自动触发执行。

手工排路：表示自律机只执行人工直接按钮操作，计划和进路序列失效。

如果未勾选计划控制时显示如图 2-25 所示。

如果选择手工排路时显示如图 2-26 所示。

此时自律机只执行人工直接按钮操作，计划和进路序列失效。

(六)车站入口处进路窗的含义

在车站的出入口有四个进路窗(见图 2-27)，分别表示即将要办理的上下行方向的进路序列，如图 2-28 所示。

(七)单站显示界面及状态指示灯

单站画面如图 2-29 所示。

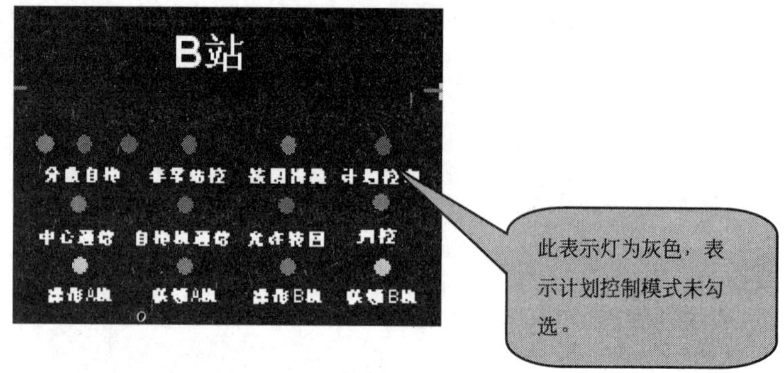

图 2-25

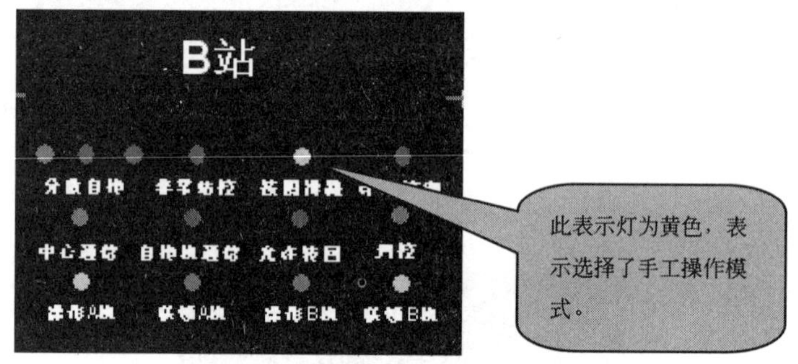

图 2-26

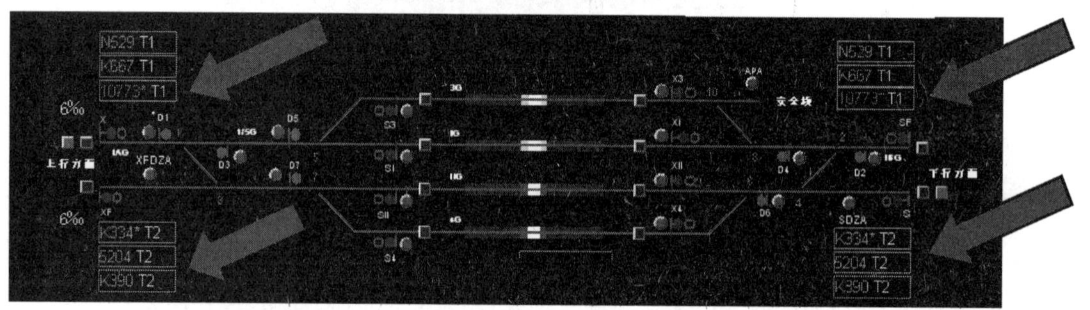

图 2-27

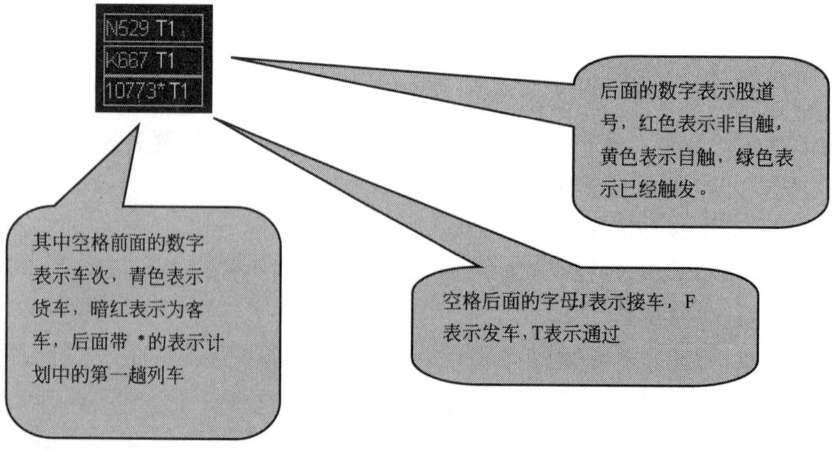

图 2-28

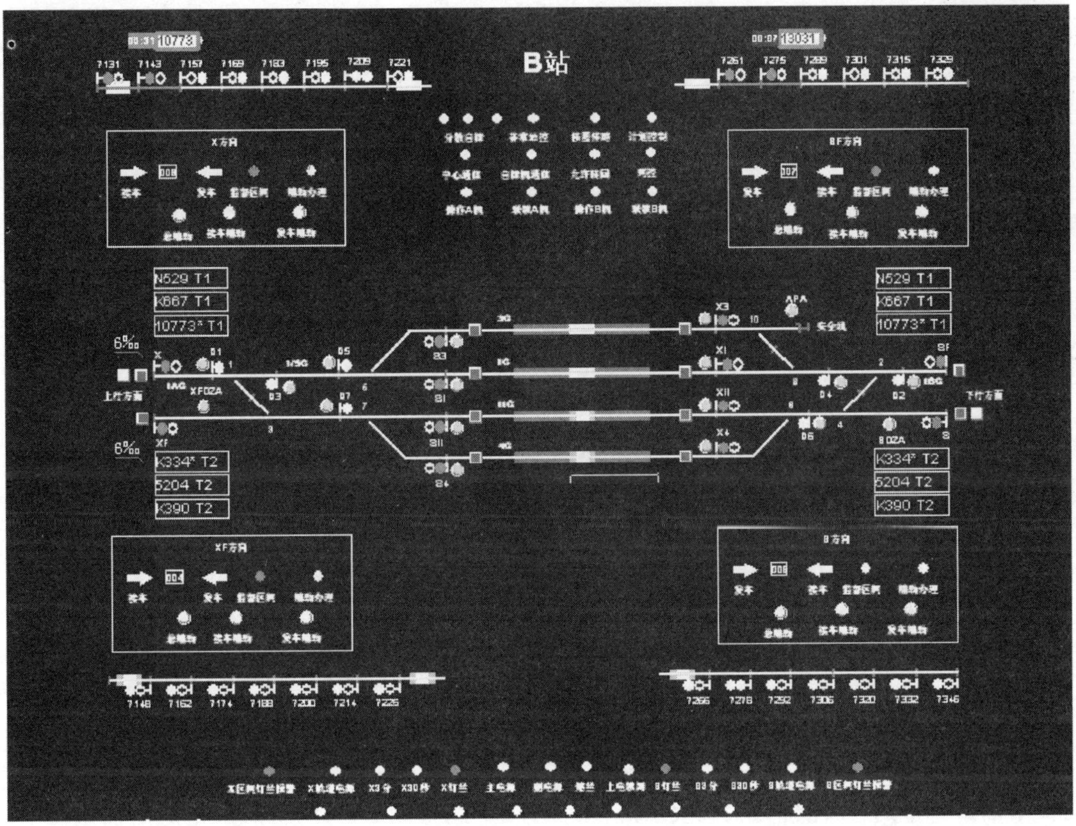

图　2-29

单站画面与区段画面中的车站站场图略有区别，在单站画面的站名下面，也有一些状态表示灯，如图 2-30 所示。

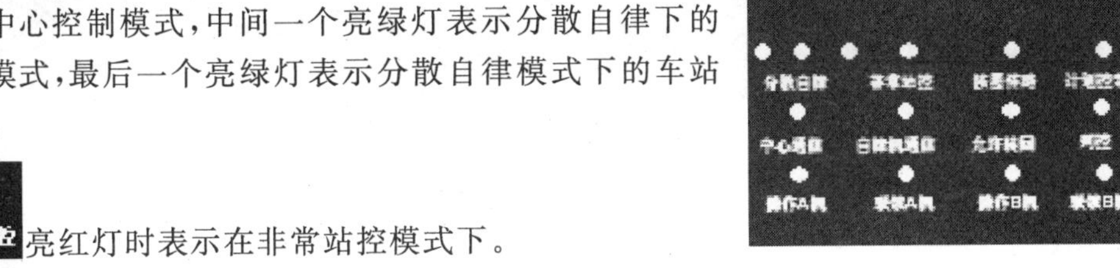

图　2-30

分散自律 表示 CTC 控制模式，第一个亮绿灯表示分散自律下的中心控制模式，中间一个亮绿灯表示分散自律下的车站调车模式，最后一个亮绿灯表示分散自律模式下的车站控制模式。

非常站控 亮红灯时表示在非常站控模式下。

中心通信 绿色闪烁灯时表示系统与中心服务器通信正常。

允许转回 亮绿灯时表示 CTC 正在给联锁发允许转回标志。

列控 亮绿灯时表示与列控通信正常，亮黄灯时表示列控未初始化，亮红灯时表示列控系统故障。

自律机通信 绿色闪烁灯时表示车务终端与车站自律机的通信良好。

按图排路表示当前的进路是否按运行图排出，如是按运行图排路，则此灯一直为绿色，否则亮黄色。

计划控制表示当前排的进路是否需要和计划比较，如需要比较时此灯一直为绿色，否则此灯不亮。

表示联锁及控显的状态，绿色表示是主机，黄色表示是备机，灭灯表示故障。

在单站画面的四个角上有如图 2-31 所示的方框。

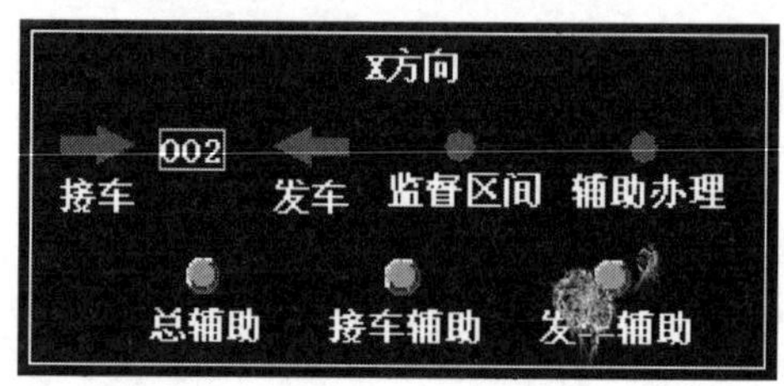

图 2-31

其中的 S 方向、SF 方向、X 方向、XF 方向分表表示上行方向、上发方向、下行方向、下发方向。下面第一排的各个为状态表示灯，第二排的“总辅助”为计数标志，是对后面两个“接车辅助”和“发车辅助”按钮操作的计数。

如图 2-32 所示的是各类报警灯和特殊按钮。

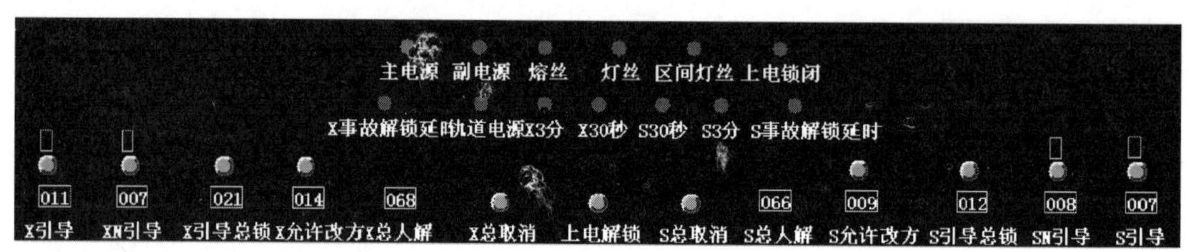

图 2-32

引导按钮上面黄框为定时器，下面黄框为计数器。总人解和引导总锁只有计数器，见图 2-33。

（八）CTC 工具条通用操作方法

在站场图下面有一个工具条，如图 2-34 所示。

此工具条是用来进行 CTC 按钮操作的，无论在区段画面还是单站画面中，此工具条都能使用。一般情况下，具备 CTC 操作权限时，此工具条就显示在站场图下方。

CTC 总是处在某种操作命令状态下，这可以通过观察工具条上按钮的状态来分辨。灰色的且是凹下去的按钮就是当前的操作命令。用鼠标点击不同的按钮，将会改变当前的操作命令。缺省情况下，CTC 处在“进路建立”命令下，这与 6502 控制台保持一致。一条操作命令完成或取消后，CTC 自动回到缺省的“进路建立”命令状态下。

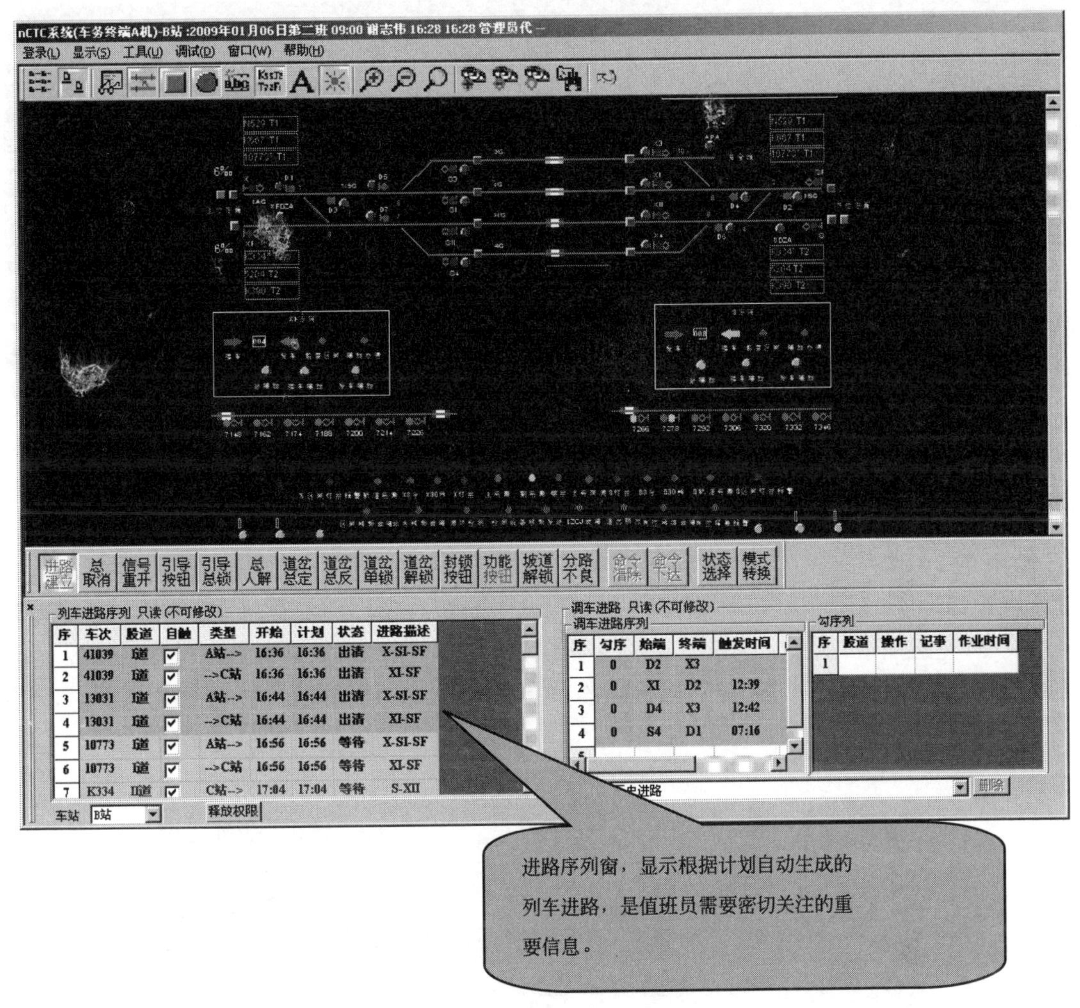

图　2-33

进路建立　总取消　信号重开　引导按钮　引导总锁　总人解　道岔总定　道岔总反　道岔单锁　道岔解锁　封锁按钮　功能按钮　坡道解锁　分路不良　命令清除　命令下达　状态选择　模式转换

图　2-34

CTC 具备两种命令操作方式：左键操作方式和右键操作方式两种方式。

1. CTC 命令的左键操作方式

左键操作方式与 6502 控制台相同，通过鼠标左键来完成命令。先用左键在 CTC 工具条上选择操作命令，如“总取消”，然后在站场图上选择相应的设备，鼠标左键点一下设备，如该设备被成功点中，设备将以明显不同的方式显示。最后点击 CTC 工具条上的“命令下达”按钮来下发你的操作命令。“命令清除”是对操作命令进行清除，重新回到缺省的“进路建立”命令状态下。对于左键方式，“命令下达”和“命令清除”还可以通过在站场图上（任何位置）点击鼠标右键弹出一个菜单来实现，如图 2-35 所示。

“命令”指的是命令下达，“清除”指的是命令清除。

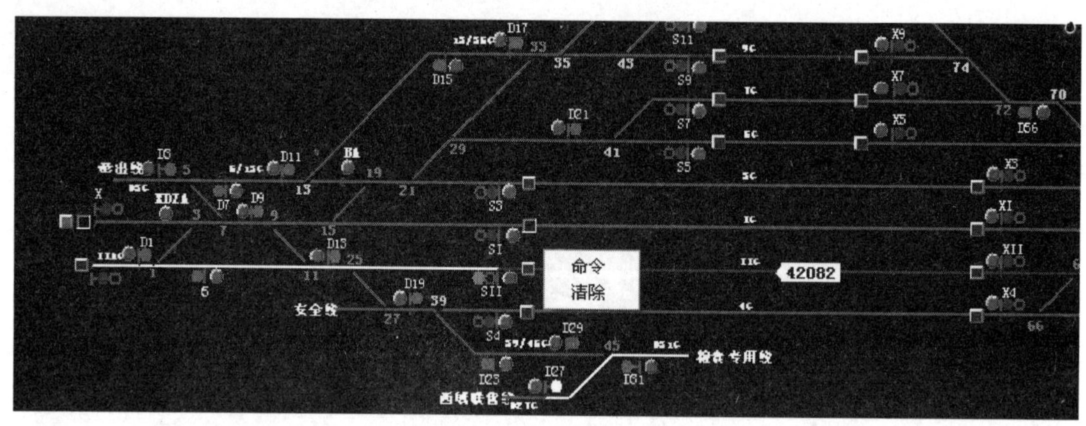

图　2-35

2. CTC 命令的右键操作方式

右键操作方式是对左键操作方式的改进，避免了鼠标左键“选择命令→选择设备→命令下达”操作方式的大范围鼠标移到。右键方式下，可以直接在站场图上找到要操作的设备，点击鼠标右键，弹出一个命令菜单，它罗列了可以对该设备进行操作的所有命令。在菜单上选择需要的命令，左键点击，就会完成该设备的命令下发。需要注意的是：只有当鼠标移到设备上，设备颜色变为高亮（青色）时，才能有右键操作菜单，如图 2-36 所示，当鼠标移到道岔上时，道岔变为青色，此时点击右键就会有操作菜单。

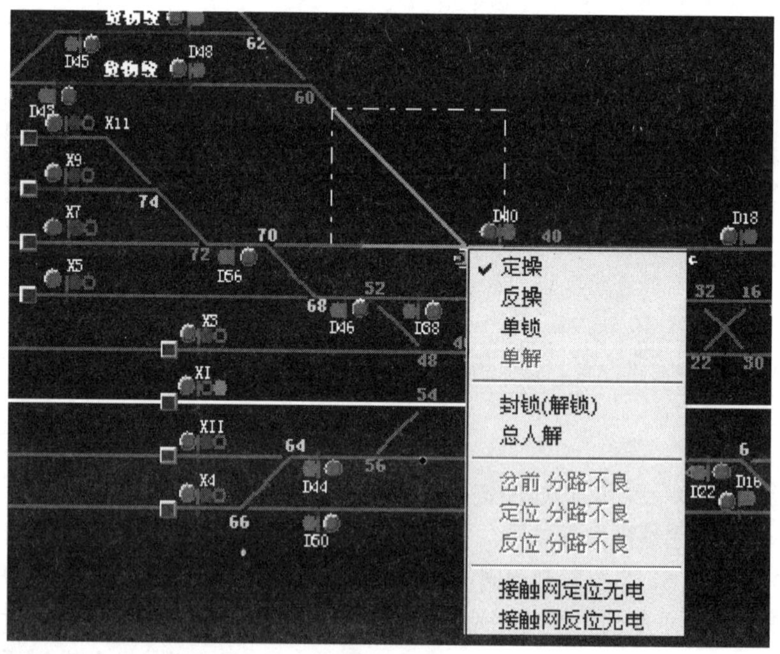

图　2-36

以下将详细介绍每个命令的操作。

功能与意图：介绍命令的功能或目的。

站场图表示：介绍命令成功后站场图上相关设备的变化。

操作设备：指出命令可以操作的设备，即可用鼠标左键点击的设备。

左键操作方式：鼠标左键操作过程介绍。

右键操作方式：鼠标右键操作过程介绍。右键方式主要利用了弹出菜单，而弹出菜单是与设备相关的。目前只有信号机、道岔、区段有弹出菜单(车次窗的弹出菜单不是 CTC 操作)。

区段弹出菜单如图 2-37 所示。

进站信号机弹出菜单如图 2-38 所示。

出站信号机弹出菜单如图 2-39 所示。

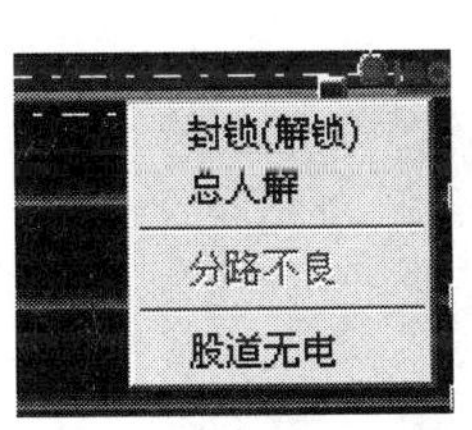

图　2-37

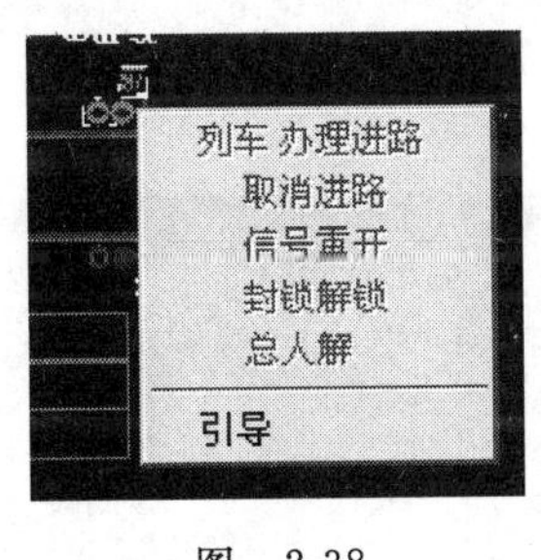

图　2-38

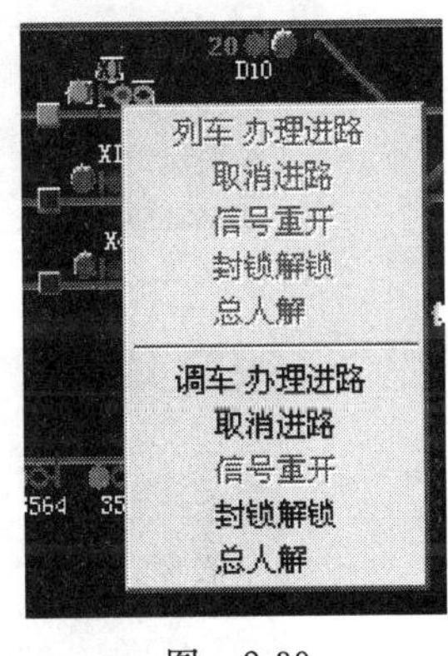

图　2-39

(九)单站按钮操作

1. 进路建立

通过进路的始终端按钮实现手工排进路。

道岔定反位操作到位，在排进路过程中，道岔文字可能会闪烁，进路白光带显示在站场图上，相应的信号机开放。

操作设备：列车按钮、调车按钮或通过按钮。必须至少操作两个以上按钮。

(1)左键操作方式

选择“进路建立”按钮(见图 2-40)，当按钮变灰且凹下去时说明此命令已被选中，然后将鼠标移至需要办理进路的始端按钮上，如果此按钮能够办理进路，此时鼠标就会变为十字形，同时按钮和信号机外框同时变为高亮，如图 2-41 所示。

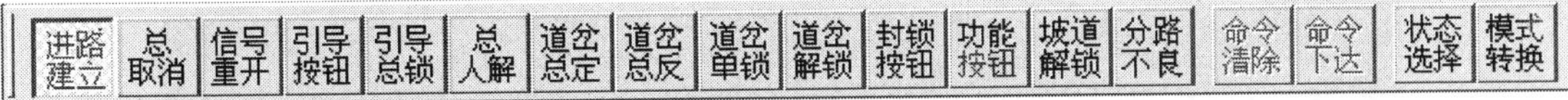

图　2-40

单击鼠标左键，始端按钮压下同时有蓝色闪烁，系统自动找到能办理进路的终端按钮(变更按钮)且变为黄色闪烁，如图 2-42 所示。

此时会发现在 CTC 工具条上原先为灰色的“命令清除”按钮变为能按状态并且字体变蓝色，见图 2-43。

如果不想办理进路了，就可以点击这个按钮。

如果要办理进路就可以将鼠标移到终端(变更)按钮上，此时鼠标状态变为十字形，同时按钮和信号机外框同时变为高亮，如图 2-44 所示。

按下鼠标左键，终端按钮(变更按钮)呈蓝色，并有一定时间的闪烁，如图 2-45 所示。

此时会发现 CTC 工具条上的“命令下达”按钮由原先的灰色变为能按的状态同时字体变

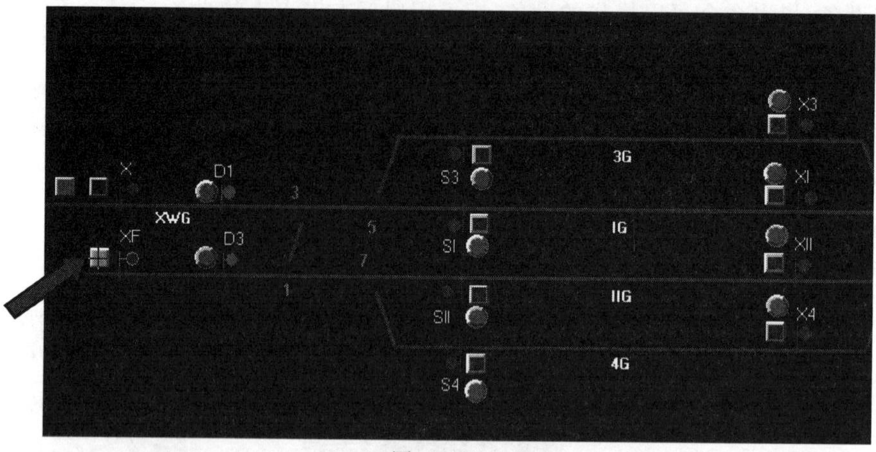

图　2-41

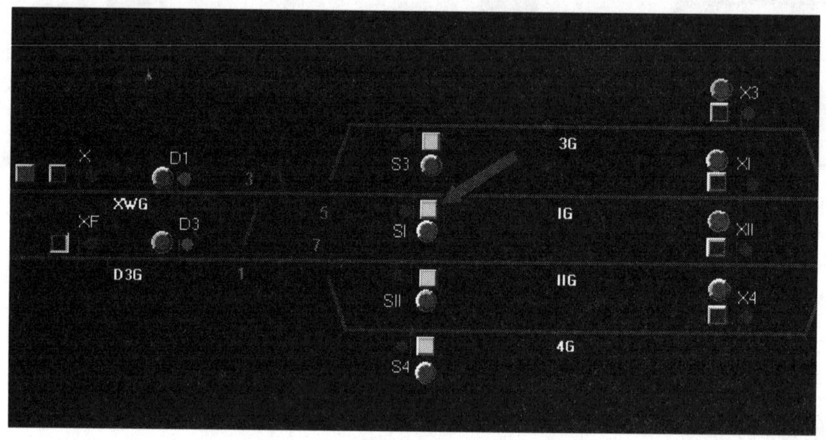

图　2-42

进路建立 总取消 信号重开 引导按钮 引导总锁 总人解 道岔总定 道岔总反 道岔单锁 道岔解锁 封锁按钮 功能按钮 坡道解锁 分路不良 命令清除 命令下达 状态选择 模式转换

图　2-43

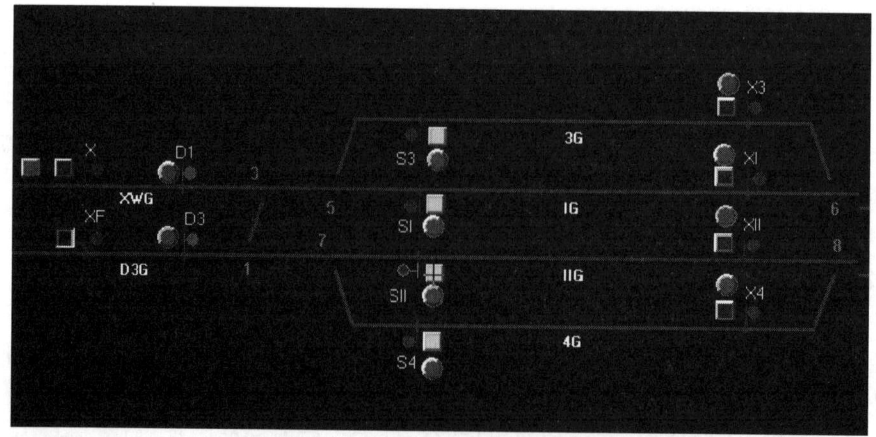

图　2-44

为红色，如图 2-46 所示。

可以通过点击这个按钮来办理这条进路，命令下达后，在始端按钮的附近弹出如图 2-47 所示的窗口。

输入车次号点击确定，如果系统判定可以办理这条进路的话，在站场图上就会出现一条白光带，说明此进路已经成功建立，如图 2-48 所示。

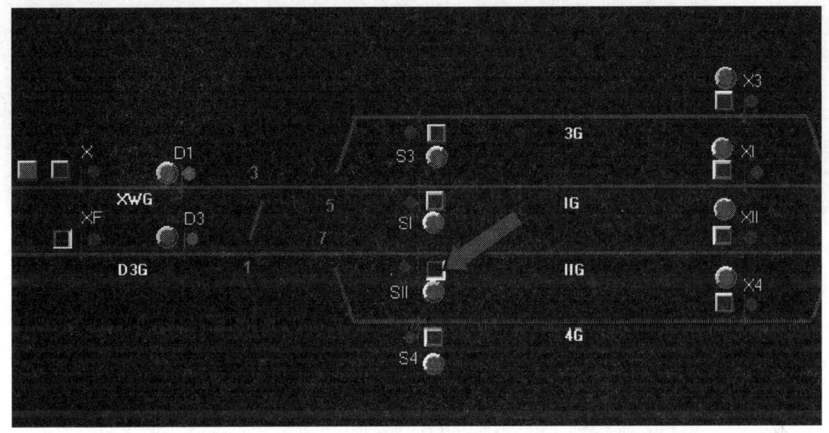

图　2-45

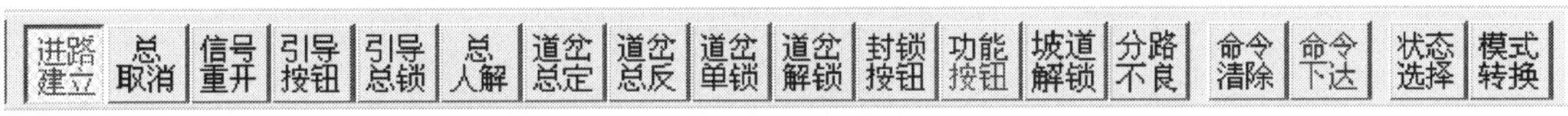

进路建立　总取消　信号重开　引导按钮　引导总锁　总人解　道岔总定　道岔总反　道岔单锁　道岔解锁　封锁按钮　功能按钮　坡道解锁　分路不良　命令清除　命令下达　状态选择　模式转换

图　2-46

图　2-47

如果系统检查后判定建立此进路有冲突，此时会弹出一个“人工操作回应”对话框，如图 2-49 所示。

在此对话框中说明了此操作的回应信息，如果没有点击此对话框上的选项的话，一定时间后系统自动会选择“放弃”。是否可以强制执行由自律机决定，一般情况下，“强制执行”按钮为灰，表明不可强制执行。

如果办理进路时需要操作道岔，则在办理进路的过程中，道岔名称会有白色闪烁，如图 2-50 所示，图中的 5 号和 7 号道岔需要动作，此时 5 和 7 会在站场图上闪烁。

同样，调车进路也可以按相同的操作建立。

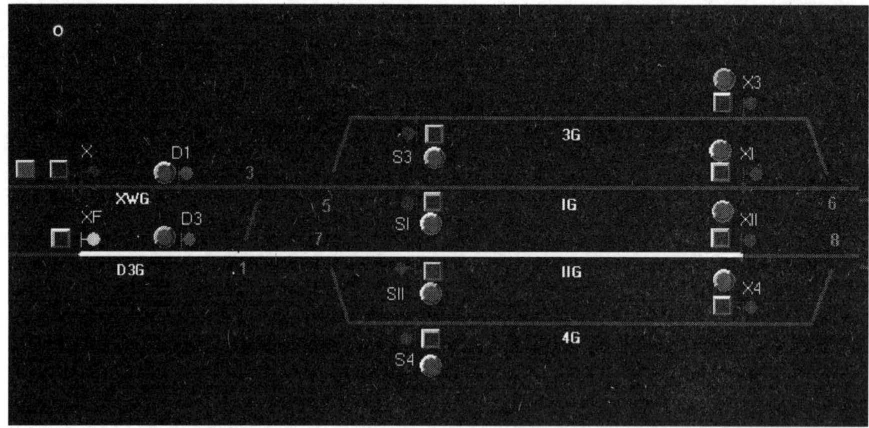

图 2-48

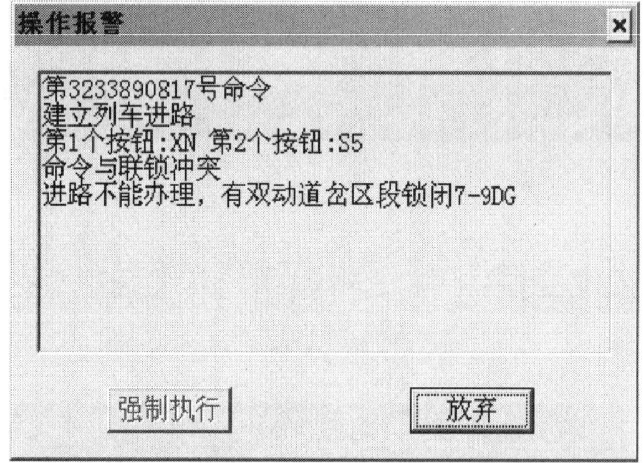

图 2-49

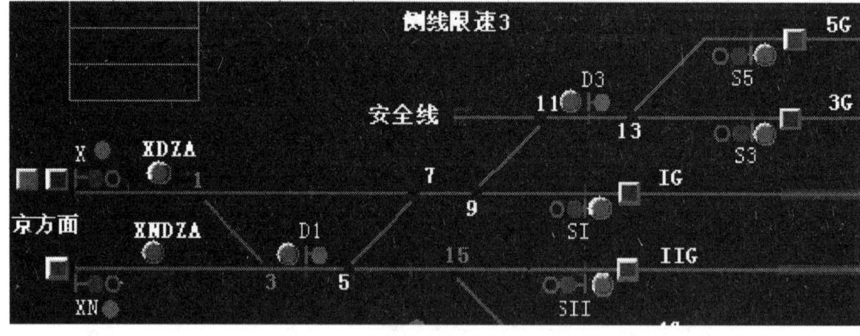

图 2-50

(2)右键操作方式

将鼠标移到始端信号机灯位上，信号机外框为青色，如图 2-51 所示。

点击鼠标右键，出现如图 2-52 所示菜单。

在右键中有“办理进路”这一项，因为此信号机既有列车按钮又有调车按钮，所以它同时具备列车和调车两种不同的菜单项。点击您所要办理的进路选项，始端按钮变为蓝色闪烁，同时可供选

图 2-51

择的终端按钮(变更按钮)变为黄色闪烁,接下来的操作与上面的一样了。

2. 进路取消

通过进路的始端按钮实现手工取消进路。

进路白光带在站场图上消失,信号关闭。

操作设备:进路的始端按钮(列车按钮、调车按钮或通过按钮)。

(1)左键操作方式

选择"总取消"按钮(见图 2-53),选中命令后将鼠标移到进路的始端按钮,此时鼠标形状为十字形,按钮呈青色,如图 2-54 所示。

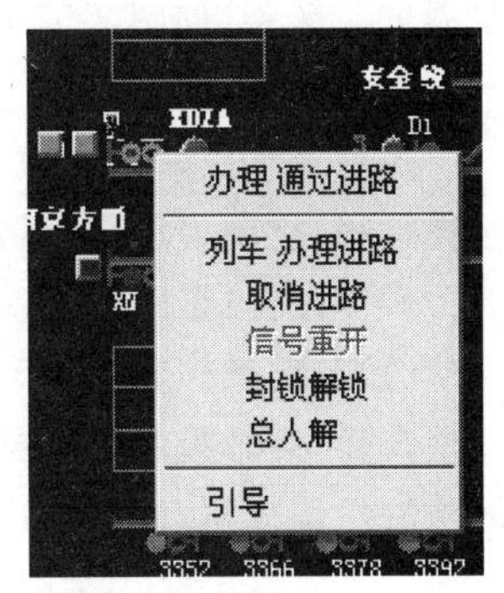

图　2-52

图　2-53

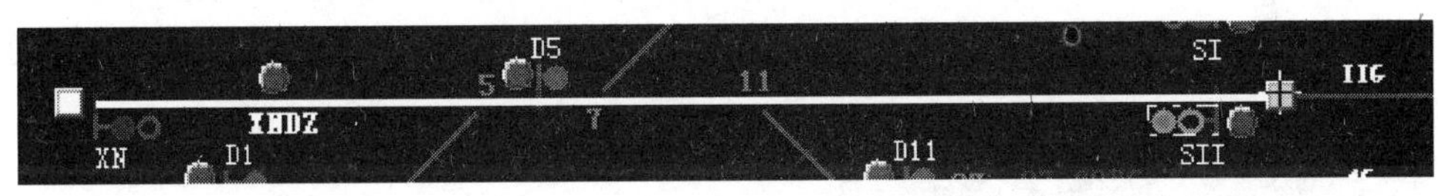

图　2-54

此时按下鼠标左键,始端按钮呈蓝色,并有一定时间的闪烁,此时可以观察到 CTC 工具条上的"命令清除"和"命令下达"这两个按钮都可以选择,见图 2-55。

图　2-55

不想取消这条进路,点击"命令清除",如果要取消这条进路,就点击"命令下达"。

(2)右键操作方式

同样,进路取消操作也可以不用点击 CTC 工具条上的"总取消"按钮,直接通过鼠标右键菜单实现。将鼠标移到进路始端的信号机灯位上,此时此信号机外框和名称变为青色,点击鼠标右键出现如图 2-56 所示的界面。

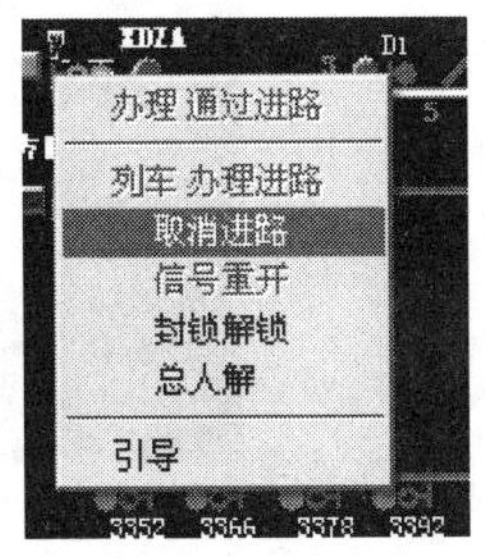

图　2-56

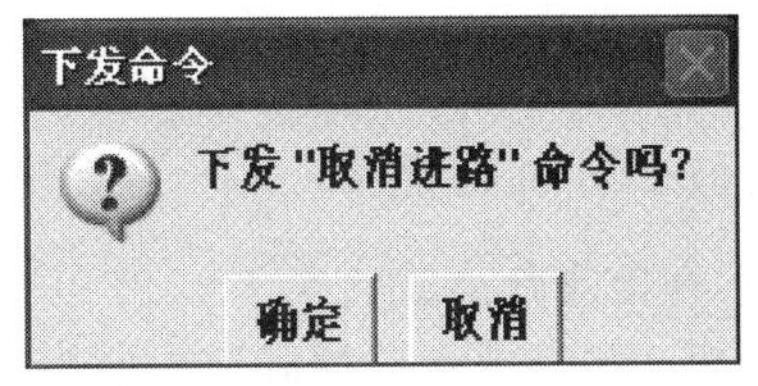

图　2-57

只要选择列车的"取消进路"这个选项就可以实现进路的取消了。系统提示是否需要下达取消进路命令，如图 2-57 所示。

3. 信号重开

当信号开放后由于轨道电路瞬时分路或其他原因而关闭，若开放信号的条件又满足(进路完整锁闭、空闲、没有敌对信号开放，等等)，按压相应进路的始端按钮，信号可以重新开放。

操作设备：进路的始端按钮(列车按钮、调车按钮)。

(1)左键操作方式

选择“信号重开”按钮(见图 2-58)，再移到进路的始端按钮上，此时鼠标变为十字形，按下进路的始端按钮，然后命令下达即可。

图　2-58

(2)右键操作方式

同时也可以通过鼠标右键的方式来实现此功能，当需要信号重开时，将鼠标移到信号机的灯位，点击右键，有如图 2-59 所示菜单。

可以选择右键中的“信号重开”菜单实现此项任务。系统提示是否需要下达信号重开命令，如图 2-60 所示。

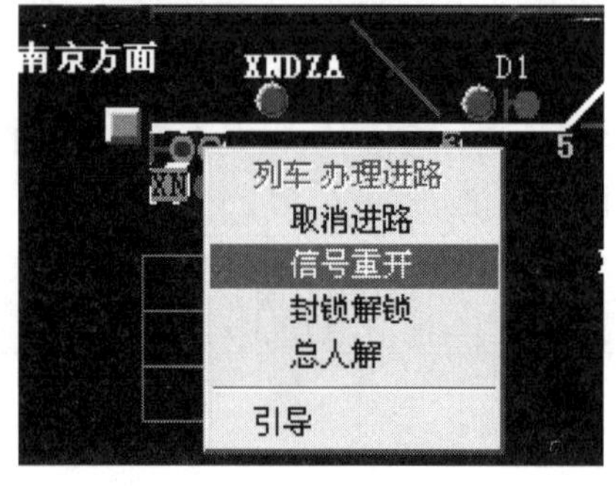

图　2-59

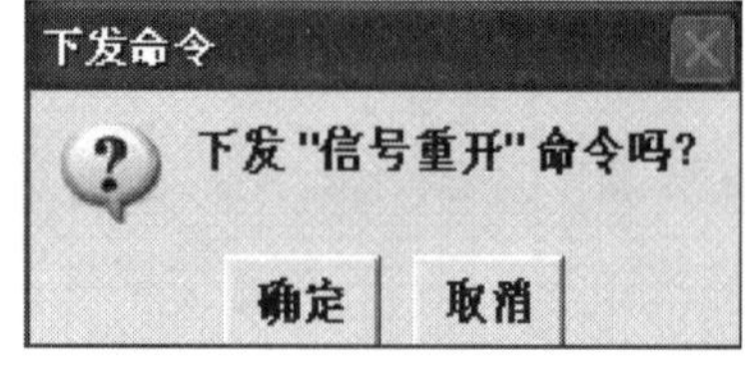

图　2-60

4. 引导进路(密码)

当进站信号机(或进路信号机)因故不能正常开放时，可开放引导信号。

如果引导进路创建成功，则用白光带显示。同时在引导按钮下面有一个计数器，表示按下此按钮的次数，如上图“X 引导”下面的“001”，就是一个计数器。

如果进站信号内方第一区段故障，办理引导进路时，在站场图的引导按钮上方应该有 30 s 延时表示，如果调度员要保持进站信号的持续开放，在 30 s 内必须再次办理引导进路操作，从新开始另一个 30 s 延时。

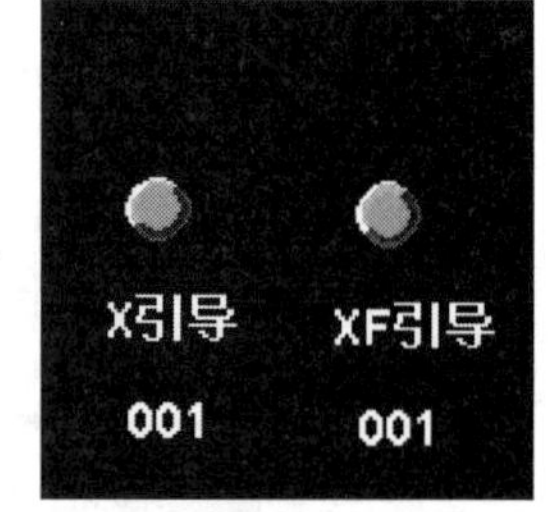

图　2-61

(1)左键操作方式

此项功能只有在单站画面中使用，当站场图为单站画面时，在画面的左下角和右下角分别有两个引导按钮，如图 2-61 所示。

选择“引导按钮”，因为此按钮是铅封按钮，所以需要密码，此时系统会弹出一个密码输入的对话框，如图 2-62 所示。

此对话框也带有一个软键盘，可以直接从软键盘上输入，输入的密码显示为星号(＊)，输入完后点击“确定”按钮，如果不想进行引导操作的话，就点击“取消”按钮。当需要此操作并输入密码点击确定，如果此时密码不正确，系统会提示密码有误，如图 2-63 所示，同时 CTC 工具条会返回到此操作前的状态。

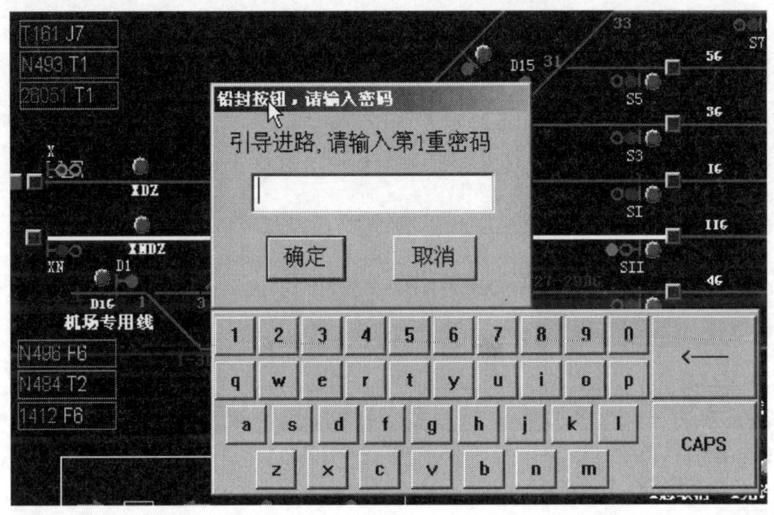

图　2-62

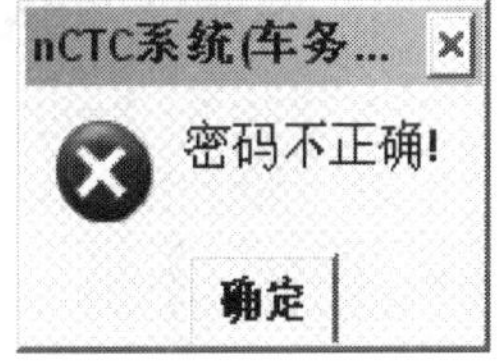

图　2-63

如果密码正确，则此命令按钮呈被选中状态：引导按钮。此时将鼠标移到站场图上要办理引导的引导按钮上，如果此时能办理引导操作，则鼠标变为十字形，同时站场图上的引导按钮也变为黄色(可操作状态)，如图 2-64 所示。

上图中将鼠标放到 X 引导按钮上，同时您可以观察到 X 方向的进站信号机外框也呈青色。按下鼠标左键，弹出密码输入框，输入正确密码后，“X 引导”按钮呈蓝色，并有一定时间的闪烁，如图 2-65 所示。

这时会发现 CTC 工具条上的“命令清除”“命令下达”呈可按下状态，此时可以点击“命令清除”选择不做这项操作，如果确认要进行引导操作的话，点击“命令下达”按钮。

(2)右键操作方式

右击进站信号机，弹出菜单如图 2-66 所示。

选择“引导”菜单项。系统提示是否需要下达引导命令，如图 2-67 所示。

点击确定，则弹出密码输入框，输入正确密码后则会下发引导命令。

注意：引导进路的取消需要使用总人解按钮，即选中总人解按钮，输入正确密码后，将鼠标移至引导按钮上按下，并将“命令下达”，如图 2-68 所示。

5. 总人解(密码)

解锁接近锁闭的进路、引导进路和区段。

进路白光带消失，信号机关闭。

操作设备：道岔按钮、道岔、区段、列车按钮、调车按钮、引导按钮。

操作方法：CTC 工具条方式.

D9G
25
21
X
D7
S3
XDZ
9
15
D5
SI
XNDZ
5
11
7
XN
D1
D11
SII
27
D1G
1
3
13
机场专用线
D3
S4
安全线
29
S6
N496 F6
N484 T2
1412 F6
D17
XN方向
X总取消
接车
发车
监督区间
辅助办理
003
002
总辅助
接车辅助
发车辅助
X引导
XN引导
X引导总锁
960
946
932
920
908
X区段延时解锁轨道
上电锁
引导按钮
引导总锁
总人解
道岔总定
道岔总反
道岔单锁
道岔解锁
封锁按钮
功能按钮
试排进路
坡道解锁
分路不良
自通进路
进路单锁
命令清除
命令下达

图 2-64

XN方向
X总取消
接车
发车
监督区间
辅助办理
003
002
总辅助
接车辅助
发车辅助
X引导
XN引导
X引导总锁
960
946
932
920
908
X区段延时解锁轨道
上电锁
引导按钮
引导总锁
总人解
道岔总定
道岔总反
道岔单锁
道岔解锁
封锁按钮
功能按钮
试排进路
坡道解锁
分路不良
自通进路
进路单锁
命令清除
命令下达

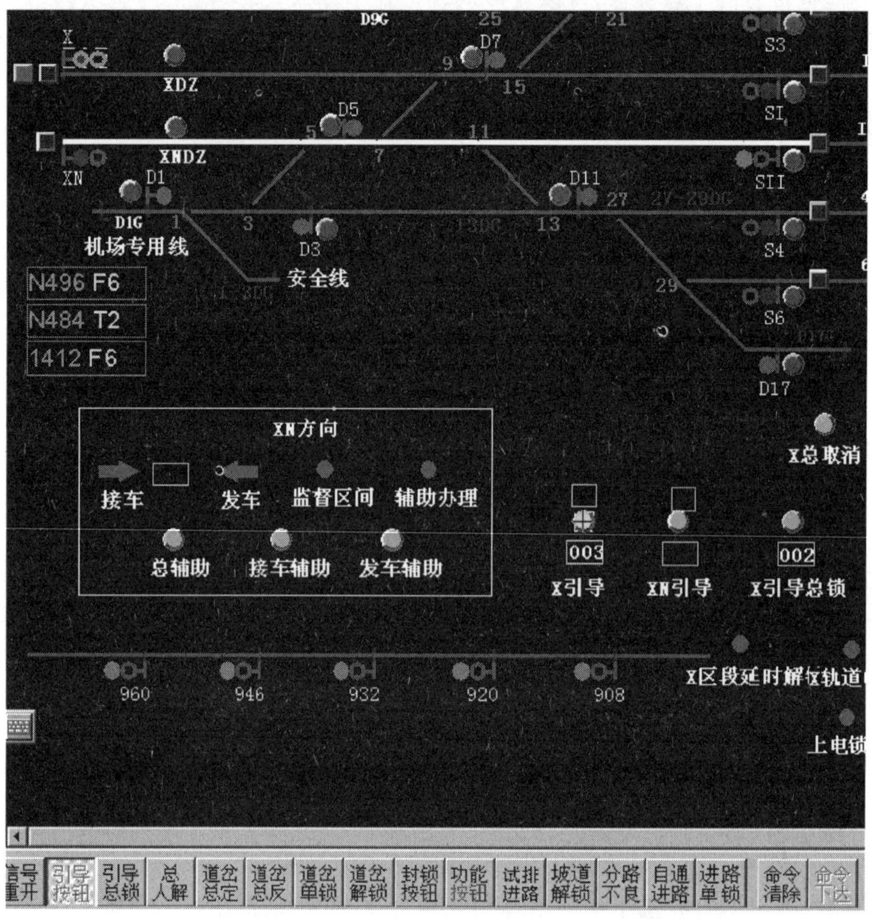

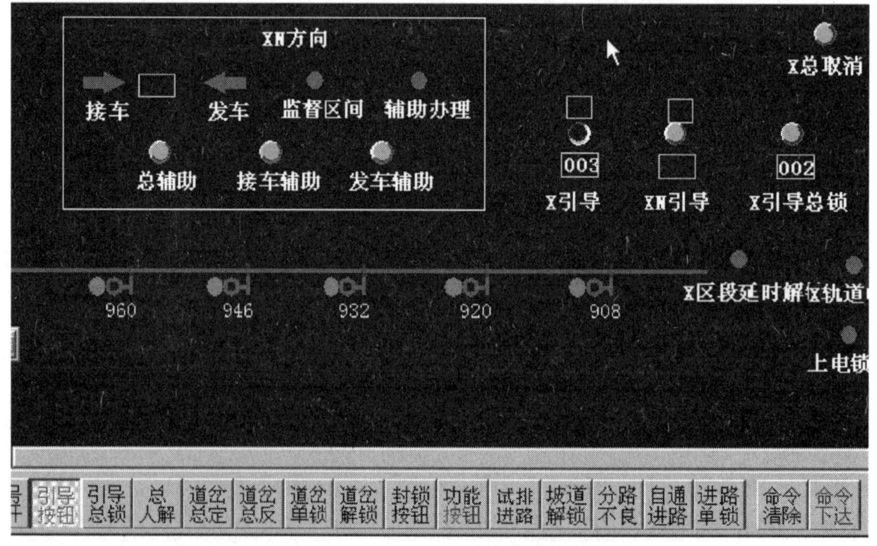

图 2-65

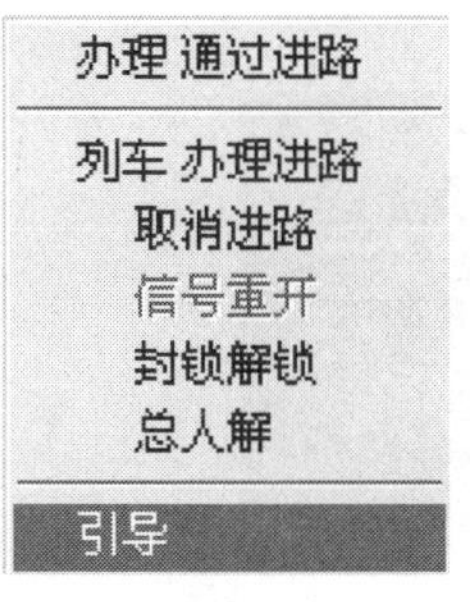

图 2-66

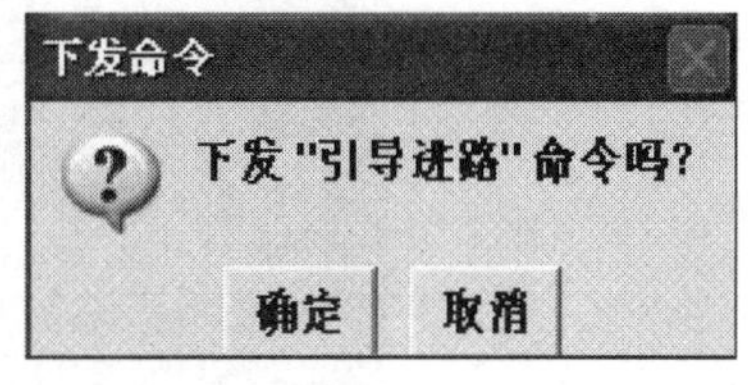

图 2-67

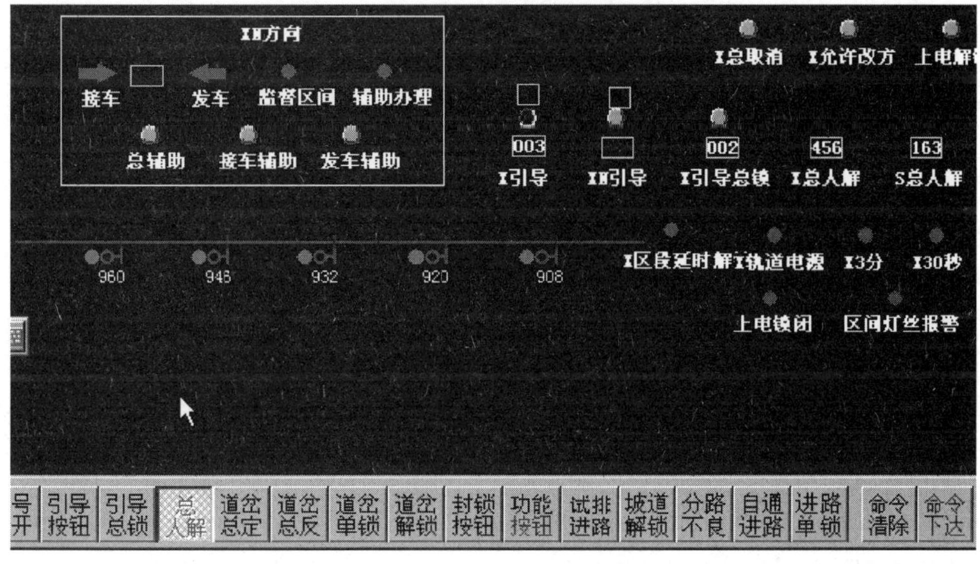

图 2-68

接近锁闭总人解：

首先选中 CTC 工具条上的总人解按钮，此时弹出密码校对对话框，输入密码正确无误后，CTC 工具条上按钮变为总人解，表明您已经选中了此命令。

如要解锁接近锁闭的进路，则再按相应信号机的始端按钮。

操作：将鼠标移到进路的始端按钮上，此时鼠标变为十字形，此信号机也高亮显示，如图 2-69 所示。

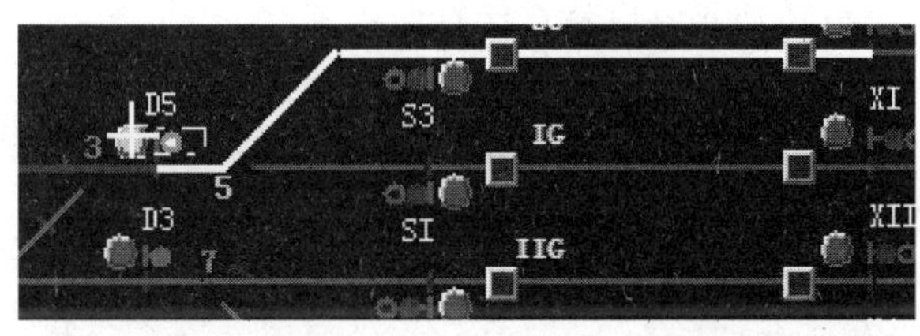

图 2-69

按下鼠标左键，信号机按钮呈蓝色，并有一定时间的闪烁，如图 2-70 所示。

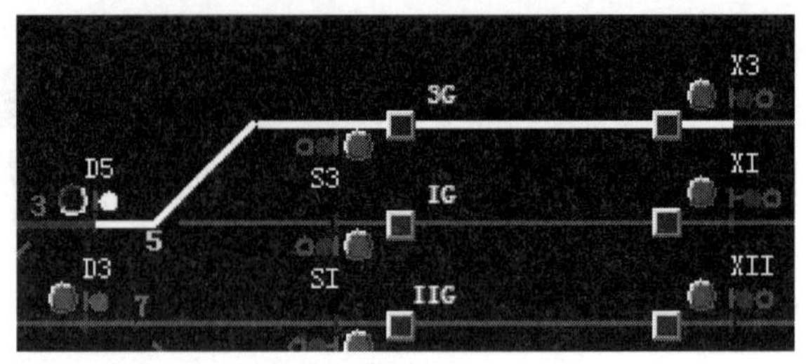

图 2-70

此时会发现 CTC 工具条上的 命令清除 命令下达 呈可按下状态，此时可以点击“命令清除”选择不做这项操作，如果确认要进行此项操作，点击“命令下达”。当然这个时候也可以在站场图上点击鼠标右键，出现 命令 清除 ，分别是“命令下达”和“命令清除”选项，点击它们也一样能实现想要的功能。点击“命令下达”后，等待 30 s 或者 3 min 延时结束后，如果成功解锁，则白光带消失。

调车进路或发车进路接近锁闭需要延时 30 s。

接车进路接近锁闭需要延时 3 min。

十一、调度命令的操作管理

车务终端调度命令主要包括三个部分：车站接收调度台下发的调度命令；车站向调度台发送请求调度命令；车站向机车发送无线机车调度命令。

（一）签收调度命令

当车务终端接收到调度台发送的调度命令时，站场图和行车日志的“调度命令”按钮会红闪，同时有语音提示，说明已收到调度命令，值班员应签收此调度命令，如图 2-71 所示。

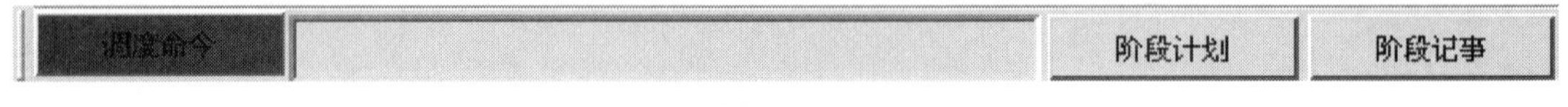

图 2-71

值班员点击“调度命令”按钮后弹出调度命令签收对话框，如图 2-72 所示。

此时，值班员姓名显示当前登录的值班员（如果姓名不对应重新登录），按下“签收”按钮后就已签收此条调度命令。

如果此条调度命令需要他人阅读，可在“需他人阅读”前打勾后签收，当用户重新登录时会提示可能有调度命令需要阅读。

如果车站值班员需马上打印出调度命令，则可选中“签收调度命令”窗口中的[签收后打印]复选框，则该调度命令成功功签收后就直接打印出来。

（二）请求调度命令

请求调度命令和发送机车调度命令均在调度命令管理界面上实现，在工具菜单的第一项就是“调度命令管理”选项，如图 2-73 所示。

点击此功能后出现如图 2-74 所示界面。

左边分为车站（车站接收的调度命令），调度台（发送给调度台的调度命令）和机车（发送给机车的调度命令）。其中请求调度命令和机车无线调度命令还分为发令箱（显示已发送，但未

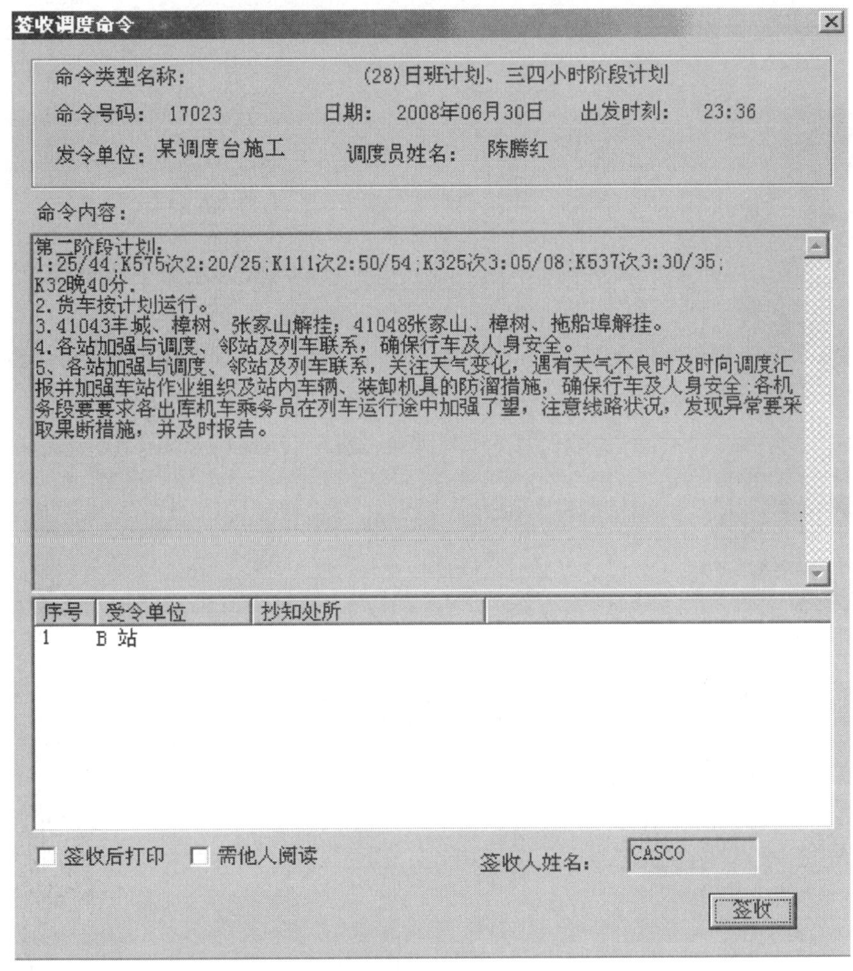

图 2-72

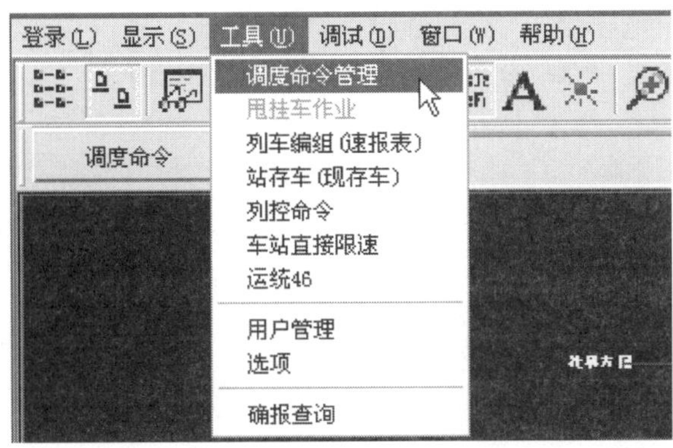

图 2-73

完全签收的调度命令)、储令箱(显示发送并完全签收的调度命令)和待发箱(显示没有发送的调度命令)。左下角“时间范围”按钮可改变查询的时间范围,缺省时显示本班时间范围内的相关调度命令。

在上述对话框中左边选择到“调度台”,点击“新建”按钮后弹出如图 2-75 所示对话框。

调度命令管理
车站
调度台
发令箱
随令箱
待发箱
机车
调度台命令发令箱(2005年06月26日06:00~2005年06月26日16:16)
编号
请求名称
创建时间
发送时间
值班人
序
台号
接收状态
接收时间
时间范围
新建
发送
打印
关闭

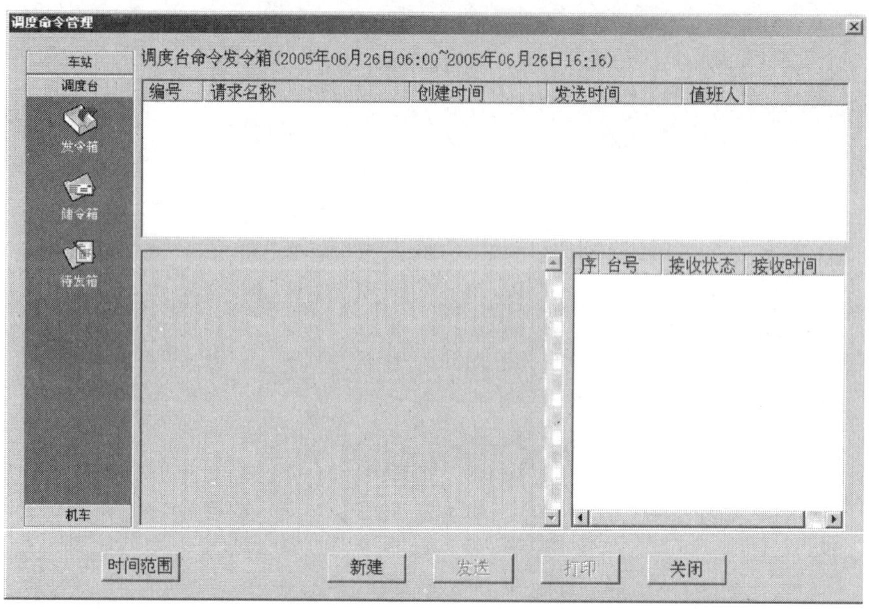

图 2-74

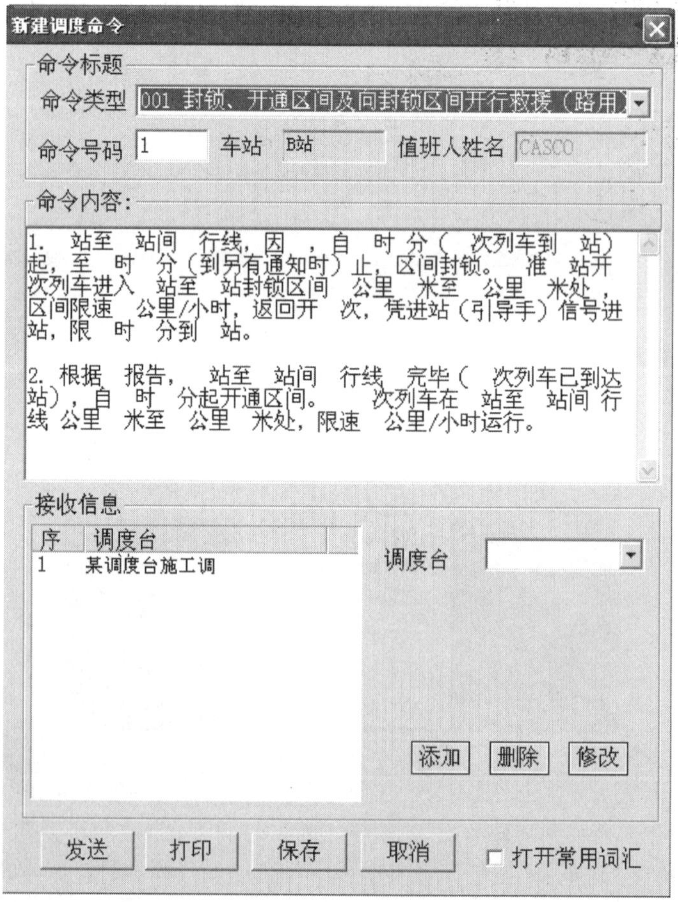

新建调度命令
命令标题
命令类型
001 封锁、开通区间及向封锁区间开行救援(路用)
命令号码
1
车站
B站
值班人姓名
CASCO
命令内容:
1. 站至 站间 行线,因 ,自 时 分(次列车到 站)起,至 时 分(到另有通知时)止,区间封锁。 准 站开 次列车进入 站至 站封锁区间 公里 米至 公里 米处,区间限速 公里/小时,返回开 次,凭进站(引导手)信号进站,限 时 分到 站。
2. 根据 报告, 站至 站间 行线 完毕(次列车已到达 站),自 时 分起开通区间。 次列车在 站至 站间 行线 公里 米至 公里 米处,限速 公里/小时运行。
接收信息
序
调度台
1
某调度台施工调
调度台
添加
删除
修改
发送
打印
保存
取消
打开常用词汇

图 2-75

选择命令类型、修改命令号码和命令内容，并选择接收调度台后，点击“发送”按钮即可，当然也可以选择保存以便以后发送。

十二、列控系统临时限速的操作

CTC 系统的列控临时限速功能，是 CTC 系统与通过设于车站的列控中心的通信，控制 LEU 和应答器，结合设于动车组上的车载 ATP、车站联锁、自动闭塞和电码化、机车信号和机车监控装置等设备，实现对动车组的控车。

作为 CTC 系统功能的重要组成部分，CTC 列控临时限速是 CTCS-2、CTCS-3 区段动车组正常运行的必要前提和可靠保证。

(一)功能与实现

CTC 列控功能可以分为以下几点。

1. 调度台下发临时限速调度命令，车站签收确认：

施工调度拟定、列车调度员校验调度命令，发送至车站；车站值班员收到临时限速调度命令，校验限速内容后签收。

2. 服务器对确认过的限速命令进行存储：

所有车站签收完毕以后，CTC 系统将调度命令按车站、趟次分解，存储入服务器；调度台或车站可以通过界面访问服务器，获得当前已经确认的临时限速列表

3. 调度台或车站下发临时限速设置：

有人车站由车站值班员择机发送限速命令至列控中心；无人站由调度员择机发送限速命令至列控中心。

4. 限速命令的取消(类似以上 1～3 步)。

5. 车站列控中心的初始化过程。

6. 调度中心或车站直接临时限速(取消)。

7. 站场图上的临时限速实时显示。

8. 车站列控中心状态显示。

9. 具有侧线限速功能。

为了实现以上功能，CTC 系统采取了如图 2-76 所示的实现方式。

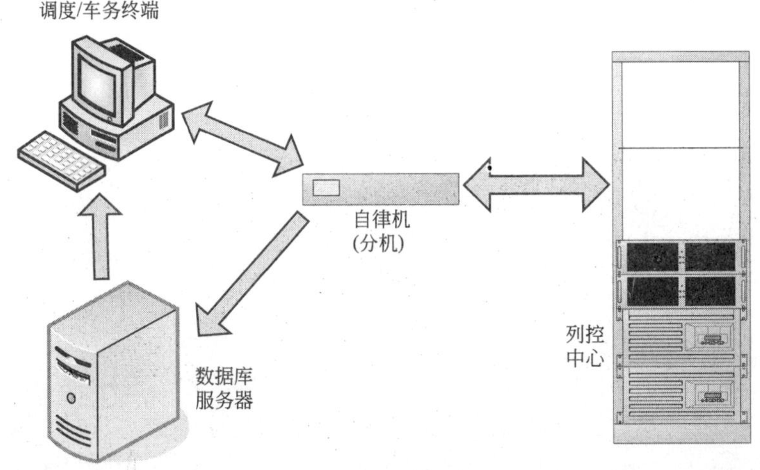

图 2-76

（二）车务终端临时限速操作

车务终端是车站设备，车站值班员通过其实现临时限速调度命令的签收，车站直接限速和初始化操作。

（三）临时限速调度命令的签收

当临时限速调度命令下发至车务终端时，车务终端界面提示需要签收新的调度命令，如图 2-77 所示，并给出声音报警。

图 2-77

点击后弹出如图 2-78 所示菜单。

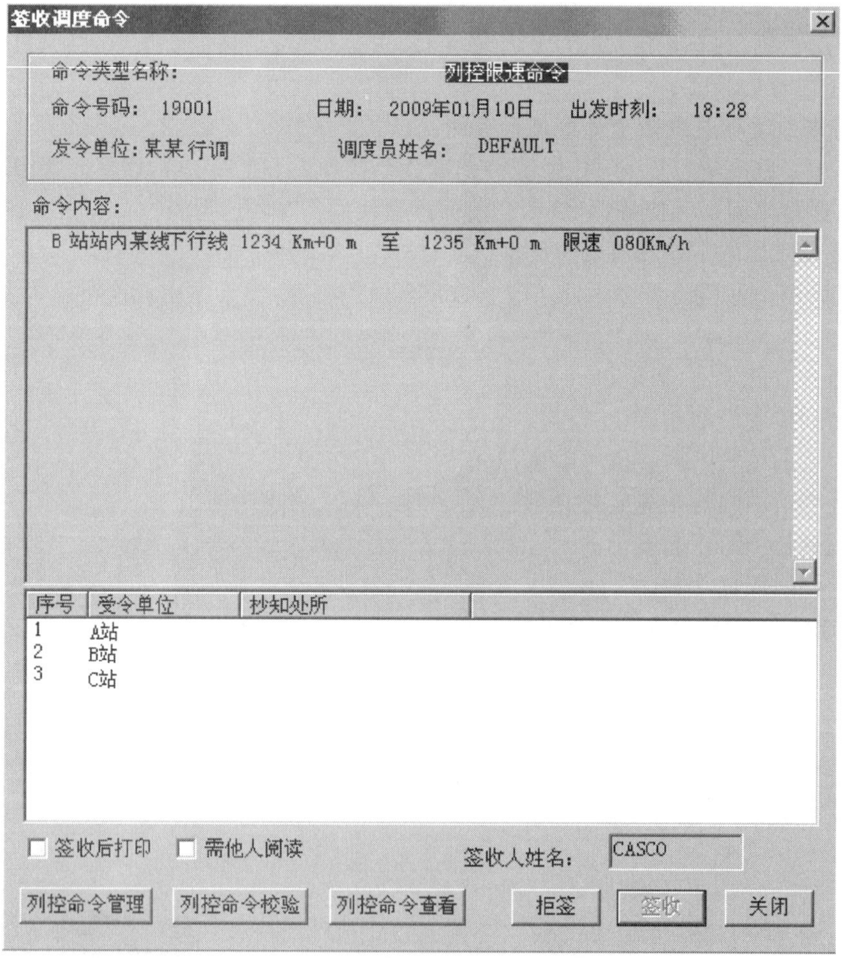

图 2-78

和一般的调度命令不同，如果调度台下发临时限速调度命令时对本车站需要校验，所以在签收此调度命令之前需要校验限速数据，如图 2-78 所示，此时 签收 按钮失效，为灰色。

点击 列控命令管理 按钮则弹出限速命令管理界面，见图 2-79，点击 列控命令查看 按钮，弹出限速命令详细数据对话框，见图 2-80，对话框中详细显示了该限速命令的内容。

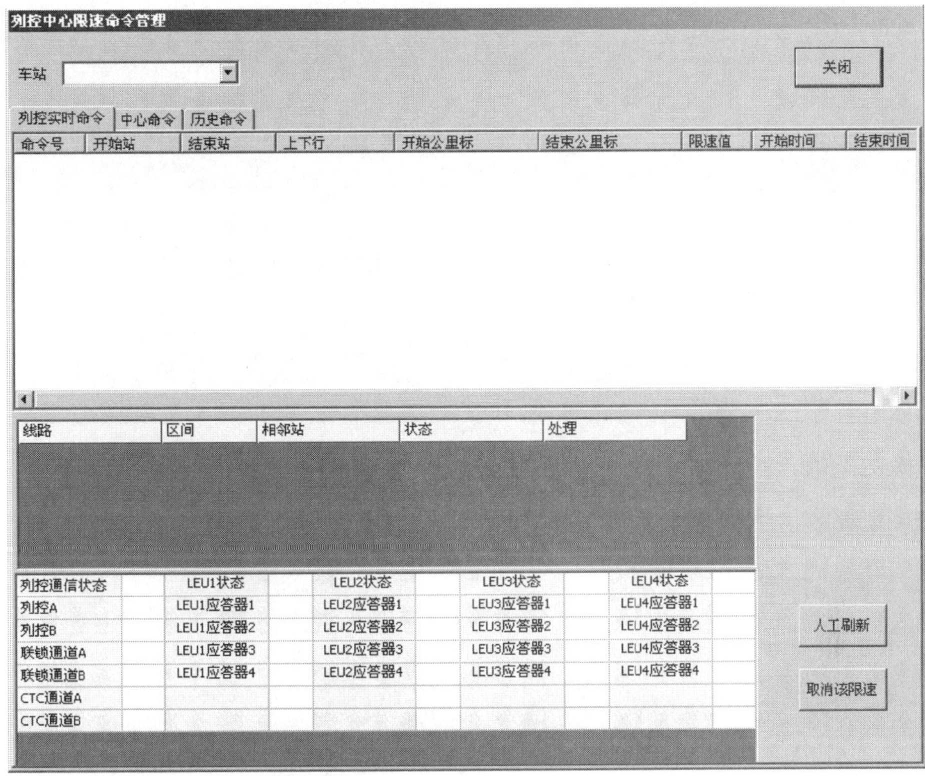

图　2-79

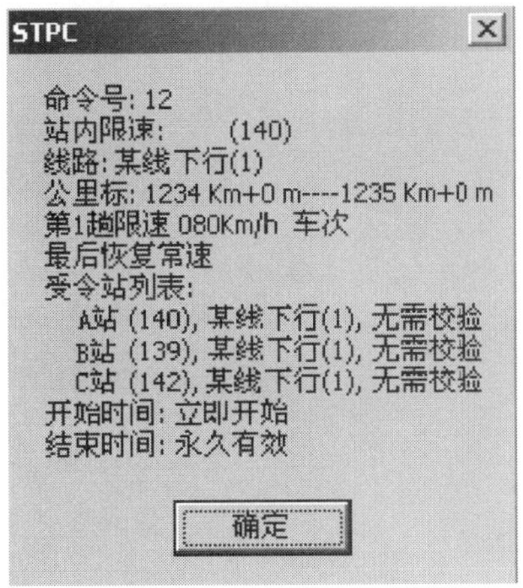

图　2-80

点击列控命令校验按钮，弹出限速数据校验对话框，系统默认按照命令数据自动数据填入，值班员核对无误后点击确定，即可完成校核，如图 2-81 所示。

校验成功后，调度命令签收对话框的签收按钮变为可按下状态，此时如一般调度命令，值班员点击“签收”按钮即可。

十三、日常操作语音提示

在本系统中，在多种需要值班员进行人工操作的情况出现时，提供了语音提示功能，以提

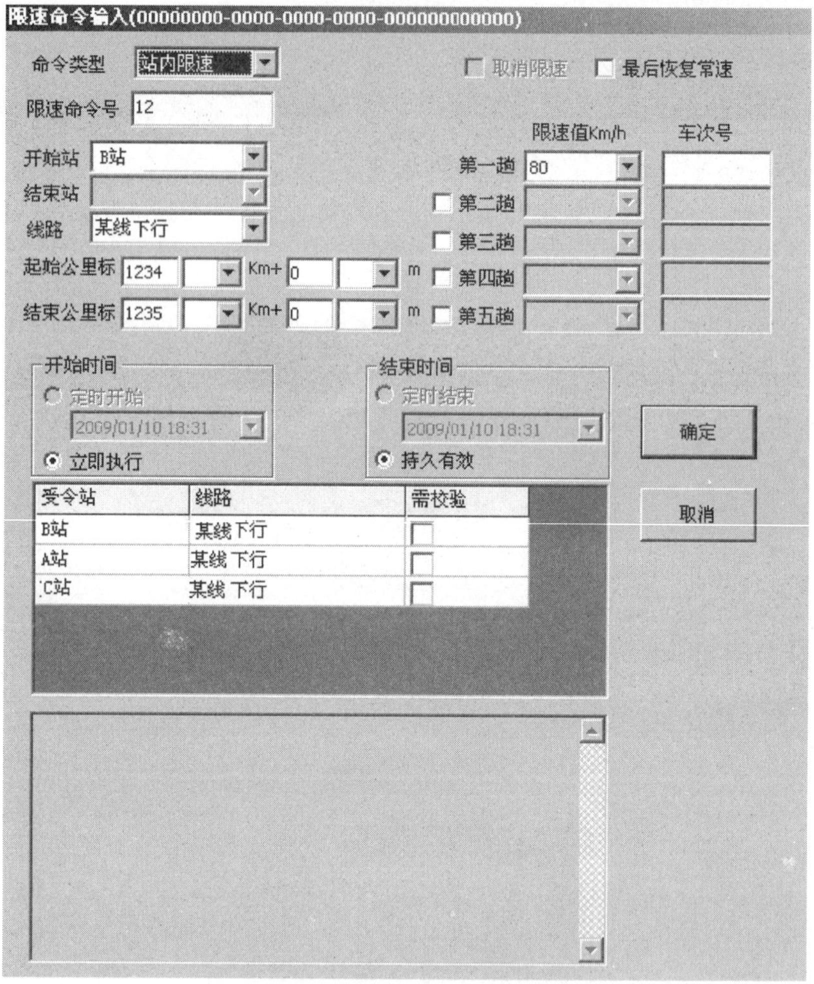

图　2-81

醒值班员进行相关的操作。主要包括：

调度命令下达请签收；

阶段计划下达请签收；

请签收阶段记事；

请注意，邻站发车；

请注意，邻站到达；

请注意，邻站取消闭塞；

请注意，邻站同意发车；

请注意，邻站要排预告；

申请控制模式；

车站控制模式已转换。

以上提示信息，往往是值班员操作的回应信息，以及与邻站的预告操作、调度命令下达的提示等，值班员跟据提示操作即可。

（一）报警类的提示及应对措施

1.“自律机与车务终端通信中断”

当自律机与车务终端通信中断后，会产生此报警。

2.“自律机与中心通信中断”

当自律机与中心通信中断后，会产生此报警。

3.“自律机与联锁机通信中断”

当自律机与联锁机通信中断后，会产生此报警。

4.“列控驱采不一致”

当列控驱动和采集不一致后，会产生此报警。

5.“列控系统故障”

当 CTC 系统检测到列控系统故障或者自律机与列控系统通信异常时，会产生此报警。

发生该报警后，操作人员应立即通知电务人员进行检查处理，如果发现列控系统处于未初始化状态，则应采取初始化操作。

6.“列控命令未设置”

当中心系统存在所以相关站都已签收并已经生成服务器确认命令但本站未设置的临时限速命令时会产生此报警。

当出现此报警时检查列控命令列表，进行相关的设置及下发操作。

7.“信号设备故障”

当车站信号设备出现故障时会产生此报警。

当出现此报警时，多数情况下是电务或工务人员在进行施工维修，也可能是挤岔或熔丝断丝等问题，请查明情况，必要时，通知电务人员处理。

8.“车次号丢失”

当列车跟踪出现问题是会产生此报警。

当出现此报警时，确认车站内是否存在 E 开头的假车次，如果存在并红光带确实是列车，则要修改为正确的车次号。

9.“列车紧跟踪”

当出现列车紧跟踪情况时会产生此报警。

当出现此报警时，需密切注意列车运行状况，必要时，与列车司机联系。

10.“调车与列车计划冲突”

当排列的调车进路与列车计划出现冲突时会产生此报警。

当出现此报警时检查调车进路所经过的径路，避开计划中的列车进路，调整后重新办理即可。

11. “自动触发时联锁检查失败”

当自动排路的时机满足的时候，CTC 系统会检查进路的联锁条件，如果联锁条件满足，则发送指令给联锁系统，否则产生一条“联锁冲突”报警。所以“联锁冲突”报警在很多情况下是正常现象，CTC 系统会等待 30 s 后自动重新检查联锁条件。

12.“电力标志不一致”

当 CTC 系统对于列车电力牵引属性有两个方面可以设置：车次号、列车计划；车次号中的电力牵引属性通过车站的车次号修改操作可以修改，而列车计划中的电力牵引属性通过设置运行线的牵引机车类型可以修改；当列车进入自律机的车次号管辖范围，但上述两方面的设置不一致时，就产生“电力标志不一致报警”。CTC 系统判断任何一方设置了电力牵引属性就认为该列车是电力牵引，所以这种情况一般不会造成安全性问题。

发生该报警后，车站值班员应和调度员确认，并进行相应设置修改。

13.“车次不一致”

当 CTC 系统检测到即将触发进路的列车和当前执行的进路序列的车次不一致时，将产生“车次不一致”报警。

发生该报警后，车站值班员应立即和调度员核对接近列车的车次号以及进路序列的车次。

14.“与车次的计划冲突，已强制办理”

当用户办理道岔单锁、道岔单解、道岔定操、道岔反操、信号机重新开放、人工排列进路、人工取消进路、人工引导进路办理、引导总锁、总人解、封锁/解锁、坡道解锁、分路不良确认空闲的其中一项操作，如果系统判断此次操作与某次列车计划冲突时，会弹出“操作报警”对话框，用户强制执行后。系统会产生此类报警提示。

15.“人工办理违反区间追踪条件，已强制办理”

当用户办理列车进路不满足区间追踪条件时，会弹出“操作报警”对话框，用户强制执行后。系统会产生此类报警提示。

16.“调车进路没有及时出清”

用户办理调车进路时需输入预计占用时分，如果该调车进路在预计占用时分的时间间隔之后仍然未出清，就会产生此报警。

发生该报警后，操作人员人工判定此调车进路是否影响列车正常接发车来决定是否保留或取消该调车进路。

17.“客车无法接入无站台股道”；“客车无法接入无客运设备股道”；“列车股道超限条件不满足”；“电力机车无法进入无电股道”；“列车股道类型不满足”；“客车在股道侧线通过”；“列车在股道正线待避”

以上各种报警是系统对阶段计划进行检查发现问题时会产生此报警。

发生该种报警时，操作人员判断计划是否安排合理、正确。如果阶段存在问题，要及时和中心调度员联系，否则检查车站设备状况(如果股道无电标志错误，与调度员联系后，进行人工设置；如果股道客运标记、站台、超限属性错误，与电务人员联系；如果侧线通过、正线待避，列车进路办理时需人工注意)。

18.“未知列车，自动选路时设为人工触发”

当存在未知列车的阶段计划发送到车站自律机后会产生此报警。

发生该报警时，操作人员立即通知中心调度员，要求其确认该列车属性后重新下发阶段计划。

19.“车次号未经确认”

当车次号是通过无线车次号校核生成的，没有通过人工确认时，会产生此报警。

发生该报警时，操作人员须人工判断该车次是否正确，如果正确人工进行车次号确认操作，否则修改成正确的车次号。

注：未经确认的车次号有下划线标示。

20.“办理进路超时”

当系统把进路按钮操作发往联锁后 30 s 仍未办理成功时，会产生此报警。

第三节　列 控 系 统

一、列控系统简介

中国铁路列车运行控制系统 CTCS (Chinese Train Control System)分为 CTCS-0、CTCS-1、CTCS-2、CTCS-3、CTCS-4 共五个级别。

1. CTCS-0 级

应用于既有铁路 120 km/h 及以下的区段，装备为既有铁路信号设备。

地面设备：国产轨道电路构建三显示/四显示固定闭塞。

车载设备：通用机车信号＋列车运行监控记录装置。

2. CTCS-1 级

CTCS-1 级应用于既有铁路 160 km/h 及以下的区段，装备为既有铁路信号设备。

地面设备：国产化轨道电路 ZPW-2000 构建四显示固定闭塞。

车载设备：主体机车信号＋LKJ2000。

3. CTCS-2 级

用于提速干线、客专和特殊线路。通过应答器、ZPW-2000A 轨道电路完成车地通信。配置车站列控中心 TCC，根据地面信号系统计算列车移动授权凭证，车载 ATP＋LKJ2000，凭车载信号行车，可下线在 CTCS1/0 线路，地面可不设通过信号机。

4. CTCS-3 级

用于提速干线、客专和特殊线路，通过无线通信(GSM-R)传输车地信息，轨道电路检查列车占用，应答器为列车定标，RBC 基于地面信号系统计算列车移动授权，车载配置 ATP，凭车载信号行车，可下线在 CTCS-2 线路，地面可不设通过信号机。

5. CTCS-4 级

面向高速新线或特殊线路，取消了区间轨道电路和通过信号机，无线通信(GSM-R)，车载设备发送列车参数，无线闭塞中心 RBC 跟踪列车位置，基于车载信息计算列车移动授权，列车完整性检查由地面 RBC 和列车完整性验证系统完成，CTCS 车载设备，凭车载信号行车，是列控技术的发展方向。

CTCS 系统组成框图如图 2-82 所示。

二、CTCS-2 级列控系统

CTCS-2 级是基于轨道电路和应答器传输列车行车许可信息并采用目标距离连续速度控制模式监控列车安全运行的列控系统。与 CTCS-0、CTCS-1 级相比，行车许可信息传输上增加了应答器，控车设备不仅仅只是列车运行监控记录装置，增加了列控中心和车载设备，使得控车能力大大增强。

其主要设备包括包括：轨道电路、应答器、列控中心、车载设备。

CTCS-2 级列控系统示意图如图 2-83 所示，系统框图如图 2-84 所示。

(一)CTCS-2 级列控系统功能

轨道电路功能：实现列车占用检查、提供列车运行前方空闲闭塞分区数量。

应答器功能：有源应答器提供临时限速和进路信息，无源应答器提供线路允许速度和闭塞分区长度等信息。

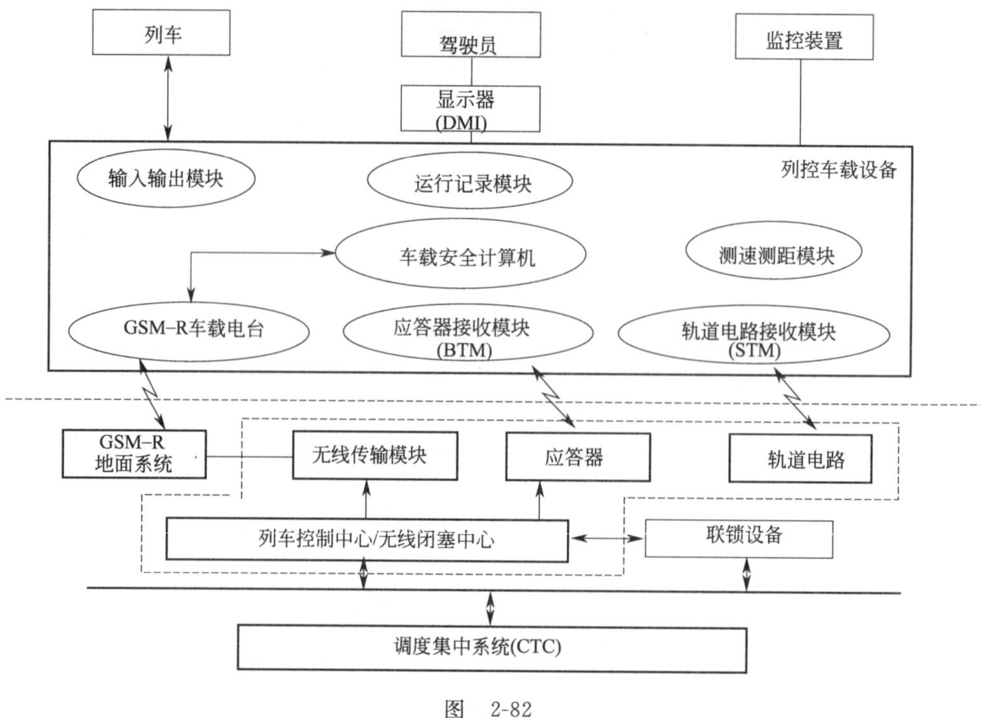

图 2-82

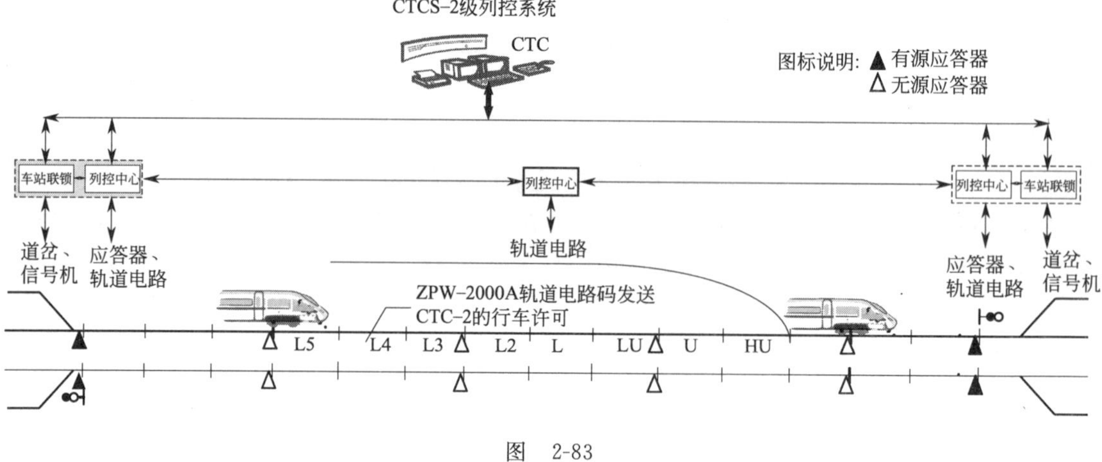

图 2-83

车载设备功能:综合轨道电路、应答器信息和动车组参数,自动生成连续速度控制模式曲线,实时监控列车安全运行。

(二)CTCS-2 级车载设备

包括:

车载安全计算机(VC);

应答器接收模块(BTM)及天线;

轨道电路信息接收单元(TCR)及天线;

人机界面(DMI);

测速设备。

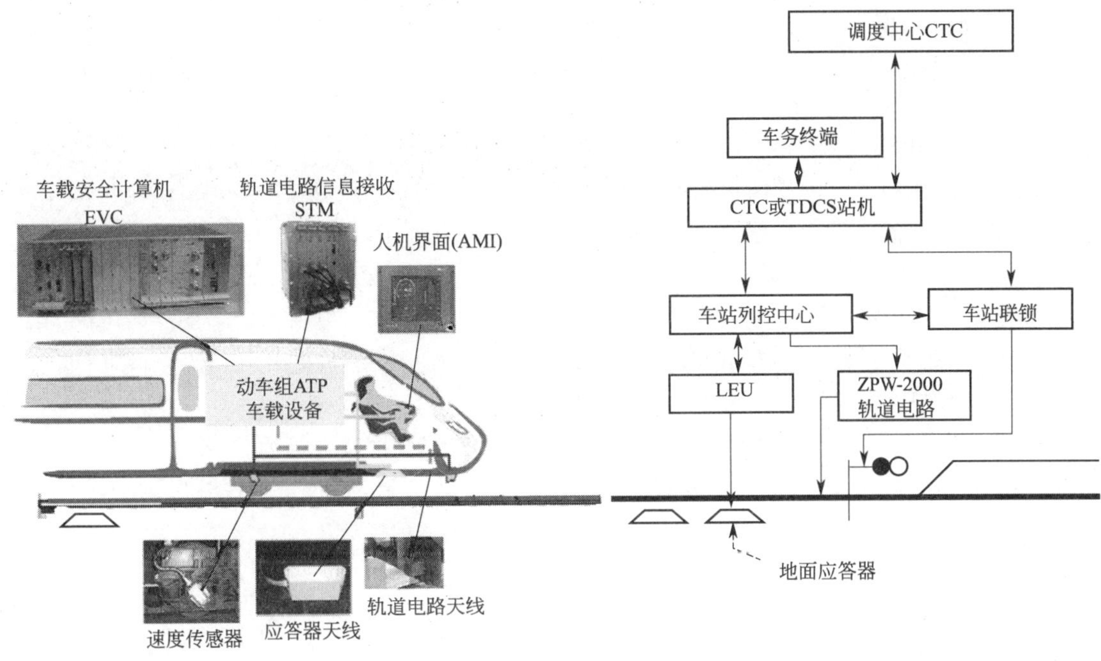

图　2-84

(三)CTCS-2 级列控系统工作原理

动车组列车运行时，列车从轨道电路连续接收到闭塞分区空闲信息，经过应答器时，接收到线路信息，这些信息由地面传到列车上，经过列控车载设备安全计算机的计算，生成速度曲线，在司机驾驶室内的人机界面显示，司机根据控车速度曲线操纵列车运行。

(四)CTCS-2 级列控系统主要工作模式

列控车载设备的控车模式有完全监控、部分监控、目视行车、调车、隔离和待机等模式。

1. 完全监控模式

完全监控模式是列车的正常运行模式。列车按高于允许速度 2 km/h 报警、5 km/h 常用制动、10 km/h 紧急制动设置。列控车载设备根据控车数据自动生成目标距离模式曲线，司机依据人机界面显示的列车运行速度、允许速度、目标速度和目标距离等信息控制列车运行。

2. 部分监控模式

部分监控模式是列控车载设备接收到轨道电路允许行车信息，而缺少应答器提供的线路数据或限速数据时使用的模式。列车侧线发车时使用部分监控模式，在列车通过出站信号机应答器组后自动转为完全监控模式。列车正线停车后，经道岔侧向发车时使用部分监控模式，在列车通过出站口应答器组后自动转为完全监控模式。

在部分监控模式下，列控车载设备给出如下限速值：

(1)侧线发车，列控车载设备接收到的轨道电路信息为 UU 码时，人机界面显示固定限速值 45 km/h；接收到轨道电路信息为 UUS 码时，人机界面显示固定限速值 80 km/h。信号显示应与轨道电路发码一致。

(2)引导接车，列控车载设备接收到的轨道电路信息为 HB 码时，人机界面显示固定限速值 20 km/h。

(3)当列控车载设备接收到轨道电路允许行车信息，而缺少应答器提供的线路数据或限速数据时，最高限速值为 45 km/h。

3. 目视行车模式

目视行车模式是司机控车的固定限速模式，限速值为 20 km/h。列控车载设备显示停车信号停车后，通过司机操作转入目视行车模式。

4. 调车模式

调车模式是动车组进行调车作业的固定限速模式，限速值为 40 km/h。司机按压专用按钮使列控车载设备转入调车模式。只有在列车停车时，司机才可以选择进入或退出调车模式。

5. 隔离模式

隔离模式是列控车载设备控制功能停用的模式。列车停车后，根据调度命令，司机操作隔离手柄使列控车载设备转入隔离模式。若列控车载设备能提供机车信号，可采用 LKJ 控制列车运行。

6. 待机模式

待机模式是列控车载设备上电后的默认模式。列控车载设备自检后，自动处于待机模式。在待机模式下，列控车载设备正常接收轨道电路及应答器信息，同时无条件输出制动，司机不得移动列车。

三、CTCS-3 级列控系统

CTCS-3 级列控系统是基于 GSM-R 无线通信实现车地信息双向传输，无线闭塞中心(RBC)生成行车许可，轨道电路实现列车占用检查，应答器实现列车定位，同时具备 CTCS-2 级功能的列车运行控制系统。

其主要设备包括包括：无线闭塞中心 RBC、GSM-R 网络、轨道电路、应答器、列控中心、车载设备等 。

与 CTCS-2 级列控系统相比，CTCS-3 级列控系统增加了下列内容：

1. 地面设备增加无线闭塞中心 RBC、GSM-R 无线通信网络。

2. 车载设备增加 GSM-R 无线通信单元及天线。

3. RBC 向列车提供行车许可。

4. 车地实现连续、双向、大容量信息传输。

(一)CTCS-3 级列控系统功能

无线闭塞中心 RBC：根据轨道电路、联锁进路等信息生成行车许可；通过 GSM-R 无线通信系统将行车许可、线路参数、临时限速传输给 CTCS-3 级车载设备；通过 GSM-R 无线通信系统接受车载设备发送的位置和列车数据等信息。

GSM-R 网络：用于实现车载设备与地面设备之间连续、双向、大容量信息传输。

应答器：向车载设备传输定位和等级转换信息；向车载设备传送线路参数和临时限速等信息，满足后备系统的需要。

车载设备：根据地面设备提供的行车许可、线路参数、临时限速等信息和列车参数，按照目标距离连续速度控制模式生成动态速度曲线，监控列车的安全运行。

轨道电路：实现列车占用检查；发送闭塞分区空闲信息，满足后备系统的需要。

(二)CTCS-3 级列控系统主要特点

(1)基于 GSM-R 实现大容量的连续信息传输，可以提供最远 32 km 的目标距离、线路允许速度等信息。

(2)CTCS-3 级列控系统满足跨线运行的运营要求。

(3)CTCS-3 系统通过在应答器里集成 CTCS-2 报文，满足 200～250 km/h，CTCS-2 同时

作为 CTCS-3 的后备系统。

(4)车地双向信息传输,地面可以实时掌握列车速度、位置和工作状态等信息,并可在 CTC 系统上实时显示。

(5)临时限速的灵活设置。可以实现任意地点、长度和数量的临时限速设置。

(6)RBC 可集中设置,也可以分散设置。

(7)RBC 向装备 CTCS-3 级车载设备的列车、应答器向装备 CTCS-2 级车载设备的列车分别发送分相区信息,实现自动过分相。

(三)CTCS-3 级列控系统主要技术原则

1. CTCS-3 级列控系统满足运营速度 350 km/h、最小追踪间隔 3 min 的要求。

2. CTCS-3 级列控系统满足正向按自动闭塞追踪运行,反向按自动站间闭塞运行的要求。

3. CTCS-3 级列控系统满足跨线运行的运营要求。

4. CTCS-3 级列控系统车载设备采用目标距离连续速度控制模式、设备制动优先的方式监控列车安全运行。

5. CTCS-2 级作为 CTCS-3 级的后备系统。CTCS-2 级列控系统是基于轨道电路和点式应答器传输行车许可信息并采用目标距离连续速度控制模式监控列车安全运行的控制系统。

无线闭塞中心(RBC)或无线通信故障时,CTCS-2 级列控系统控制列车运行。

6. 全线 RBC 设备集中设置。

7. GSM-R 无线通信覆盖包括大站在内的全线所有车站。

8. 动车段及联络线均安装 CTCS-2 级列控系统地面设备。

9. 300 km/h 及以上动车组不装设列车运行监控装置 (LKJ)。

10. 300 km/h 及以上线路,CTCS-3 级列控系统车载设备速度容限规定为超速 2 km/h 报警、超速 5 km/h 触发常用制动、超速 15 km/h 触发紧急制动。

11. RBC 向装备 CTCS-3 级车载设备的列车,应答器向装备 CTCS-2 级车载设备的列车分别发送分相区信息,实现自动过分相。

12. CTCS-3 级列控系统统一接口标准,涉及安全的信息采用满足 IEC62280 标准要求的安全通信协议。

13. CTCS-3 级列控系统安全性、可靠性、可用性、可维护性满足 IEC62278 等相关标准的要求,关键设备冗余配置。

(四)CTCS-3 级列控系统主要工作模式

列控车载设备 CTCS-3 级的控车模式有完全监控、引导、目视行车、调车、隔离、待机等模式;CTCS-2 级为后备控车模式,有完全监控、部分监控、目视行车、调车、隔离、待机和机车信号等模式。

1. 完全监控模式

完全监控模式是列车的正常运行模式。列车按高于允许速度 2 km/h 报警、5 km/h 常用制动、10 km/h 紧急制动(250 km/h 以下)或 15 km/h 紧急制动(250 km/h 及以上)设置。列控车载设备根据控车数据自动生成目标距离模式曲线,司机依据人机界面显示的列车运行速度、允许速度、目标速度和目标距离等信息控制列车运行。

2. 引导模式

引导模式是在进站或出站建立引导进路后,列控车载设备按照最高限速 40 km/h 控车模式。CTCS-3 级控车时,引导模式下列控车载设备显示动态速度曲线和目标距离。

3. 目视行车模式

目视行车模式是司机控车的固定限速模式，限速值为 40 km/h。列控车载设备显示停车信号或位置不确定时，在停车状态下司机按压专用按钮使列控车载设备转入目视行车模式。

4. 调车模式

调车模式是动车组进行调车作业的固定限速模式，限速值为 40 km/h。司机按压专用按钮使列控车载设备转入调车模式。只有在列车停车时，司机才可以选择进入或退出调车模式。CTCS-3 级控车时，只能在车站内转入调车模式。

5. 隔离模式

隔离模式是列控车载设备制动功能停用的模式。列车停车后，根据调度命令，司机操作隔离手柄使列控车载设备转入隔离模式。

6. 待机模式

待机模式是列控车载设备上电后的默认模式。列控车载设备自检和外部设备测试后，自动处于待机模式。在待机模式下，列控车载设备正常接收轨道电路及应答器信息，同时输出制动，司机不得移动列车。

7. 部分监控模式

仅适用于 CTCS-2 级控车，是列控车载设备接收到轨道电路允许行车信息，而缺少应答器提供的线路数据或限速数据时使用的模式。列车侧线发车时使用部分监控模式，在列车通过出站信号机应答器组后自动转为完全监控模式。列车正线停车后，经道岔侧向发车时使用部分监控模式，在列车通过出站应答器组后自动转为完全监控模式。

在部分监控模式下，列控车载设备给出如下限速值：

(1)侧线发车，列控车载设备接收到的轨道电路信息为 UU 码时，人机界面显示固定限速值 45 km/h；接收到轨道电路 UUS 码时，人机界面显示圈定限速值 8 km/h。

(2)引导接发车，列控车载设备接收到的轨道电路信息为 HB 码时，人机界面显示固定限速值 40 km/h。

(3)当列控车载设备接收到轨道电路允许行车信息，而缺少应答器提供的线路数据或限速数据时，最高限速值为 45 km/h。

8. 机车信号模式

机车信号模式是装备 CTCS-3 级列控车载设备的动车组在 CTCS-0/1 级区段运行时使用的模式。经司机操作后，列控车载设备转为最高限速 80 km/h 控车模式。在机车信号模式下，地面信号显示为行车凭证。

(五)CTCS-3 名词(英语缩写词)解释

1. CBI——计算机联锁
2. CTC——调度集中
3. CTCS——中国列车运行控制系统
4. EOA——行车许可终点
5. FS——完全监控模式
6. MA——行车许可
7. MAR——行车许可请求
8. OS——目视行车模式
9. RBC——无线闭塞中心
10. RV——退行模式

11. SH——调车模式
12. TC——轨道电路
13. TCC——列控中心
14. TDCS——列车调度指挥系统
15. TSA——临时调车区
16. TSR——临时限速
17. TSRS——临时限速服务器

第四节　通　信　设　备

一、CTT2000L/M 专用数字通信系统

1. 开关机

将主机背面(见图 2-85)的电源开关拨向“一”位置，等待半分钟左右，系统会自动进入应用界面；把主机背面的电源开关拨向“O”即关闭主机。

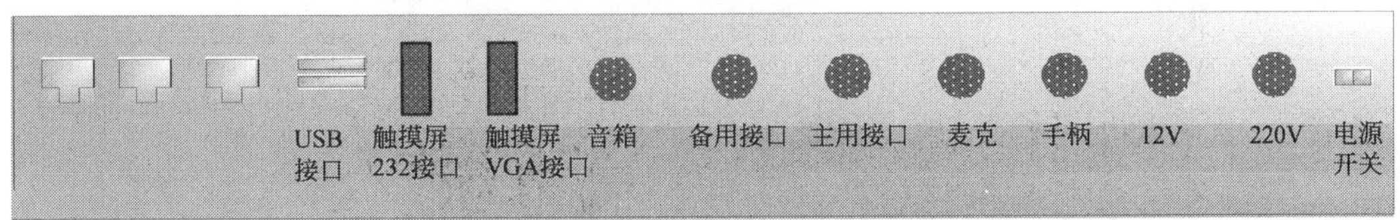

图　2-85

2. 呼叫

调度台正常运行后，会显示如图 2-86 所示界面。

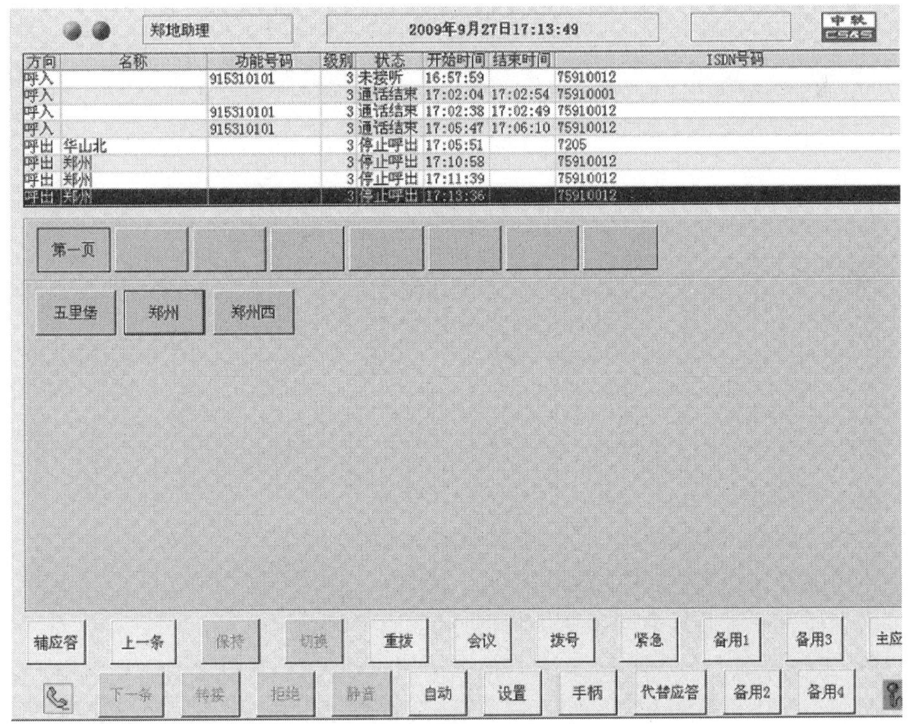

图　2-86

左上角圆球状态代表调度台的接口状态：绿色代表主用通信正常，黄色代表备用通信正常，红色代表通信故障。

单呼、组呼键区：为分页设计，目前为 8 页；每页设计为 60 个按键。

呼叫记录状态区：显示当前的呼叫状态、用户名称、号码及以往的通话记录。

功能键区：显示有系统设定的功能键：主辅应答键、切换、会议、拨号、自动等功能键。

(1)个别呼叫

当呼叫某个用户时，直接点击单呼、组呼键区相应的用户按键即可，若呼叫的对象没有预设按键，可以通过拨号呼叫，拨号的具体用法将在功能键介绍中详细说明。

(2)会议呼叫

当调度员需要呼叫多个用户时，只需依次点击相应的用户按键即可；当车站值班员需要呼叫多个用户时，需要先点击会议键，然后依次点击本次呼叫对象对应的用户按键。

3. 接听

当有用户呼入时，相应的用户键会闪烁并伴有振铃音，如图 2-87 所示。

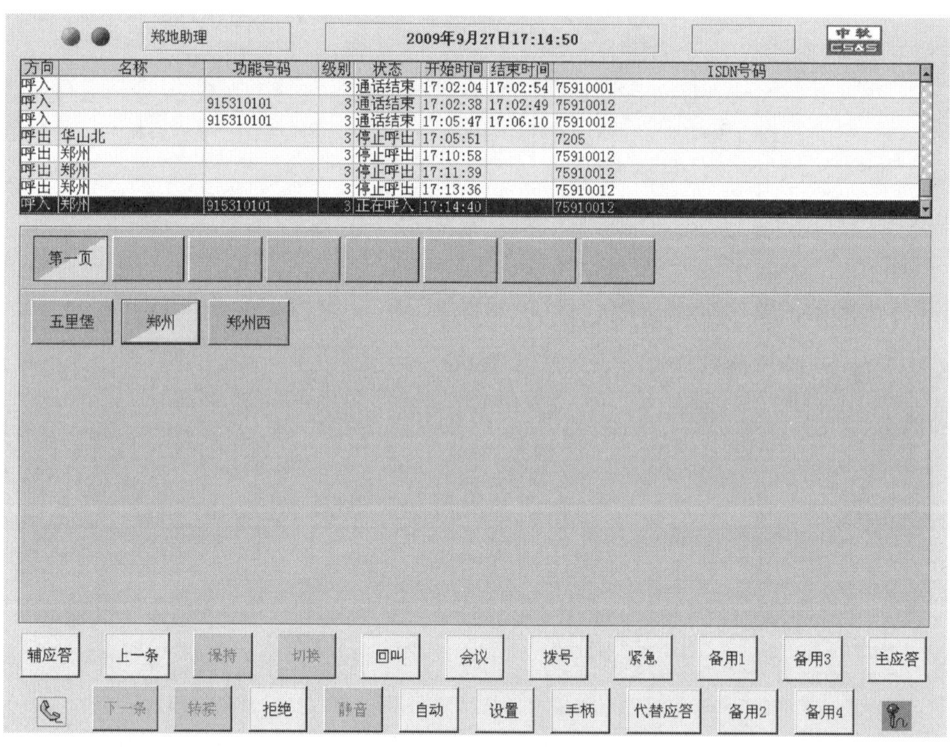

图 2-87

此时，有 3 种接听方法：

(1)点击相应的用户键接听。

(2)点击主应答键接听，使用主通道通话。

(3)点击辅应答或者直接拿起手柄接听，使用手柄通话。

当调度员正在与某个车站通话，又有其他车站用户呼入时，系统会自动把该用户接通并在按键上显示；而车站值班员正在与某个用户通话，又有其他用户呼入时，触摸屏值班台会响铃提示值班员，值班员可以直接拿起手柄接听或者挂掉当前通话接听。

4. 功能键介绍

常用的功能键有:拨号键、紧急键、切换键、麦克键、会议键、转接键、保持键、备用键等。

(1)拨号键

呼叫没有预设按键的用户,需要通过拨号呼叫,这种情况下使用"拨号"功能键。先点击"拨号"键,在弹出的拨号盘输入被叫用户的 ISDN 号码或功能号码,然后选择相应的呼出方式即可。(备注:呼出方式有三种,分别为机车呼出、车次呼出和 ISDN 呼出,将在后面举例说明。)

(2)自动键

本键开启时,用户呼入时,调度台会自动接听,不需要任何操作。

(3)切换键

主辅通道切换键。通话中使用该功能键在麦克风、手柄间进行切换。

(4)麦克键

本键用来确定麦克风或手柄的主用状态,当本键显示为麦克时,通话优先在麦克风通道进行;当本键显示为手柄时,通话优先在手柄通道进行。

(5)会议键

本键用来临时组织多方会议。(适用于车站值班台。)

按下会议键,进入会议状态,依次点击要呼叫的用户对应的按键,即可把这些用户同时呼出实现全双工会议。

(6)转接键

使用本功能键可将来电转接至其他用户,需在接听来电后进行转接操作。

(7)保持键

将正在通话中的用户保持。通话中,有同优先级用户呼入或需要联系其他用户时,若想接听该用户来电或呼叫其他用户又不想挂掉当前通话,可使用保持键将当前通话保持,接听新的来电或呼叫其他用户。被保持的用户显示绿三角,点击被保持用户按键即可恢复。

(8)紧急键

将呼叫优先级升至 2 级。当被叫用户正在与调度员或值班员同级别的用户通话时,调度员或值班员可通过紧急键将优先级升至 2 级,强插进出。

(9)备用键

当呼入的用户在单呼、组呼键区没有预定义的按键时,该用户呼入时将占用备用键,呼叫状态和号码显示在备用键上。

(10)主应答,辅应答

主辅通道应答键。通话时,这两个按键分别显示为主挂机、辅挂机,可以点击主挂机或辅挂机来结束本次通话。

5. 系统设置

点击设置键显示如图 2-88 所示界面。

(1)振铃音设置

设置振铃音,不同级别的呼入可以设置不同的振铃音,实现区别振铃;同时可以对振铃音大小进行调节。主机预置了部分铃音,用户也可以自己导入声音文件,要求文件格式为 wav 文件。

(2)按键设置

触摸屏调度台数据一般由网管进行配置,用户也可以在这里进行部分数据的修改和设定。

(3)其他设置

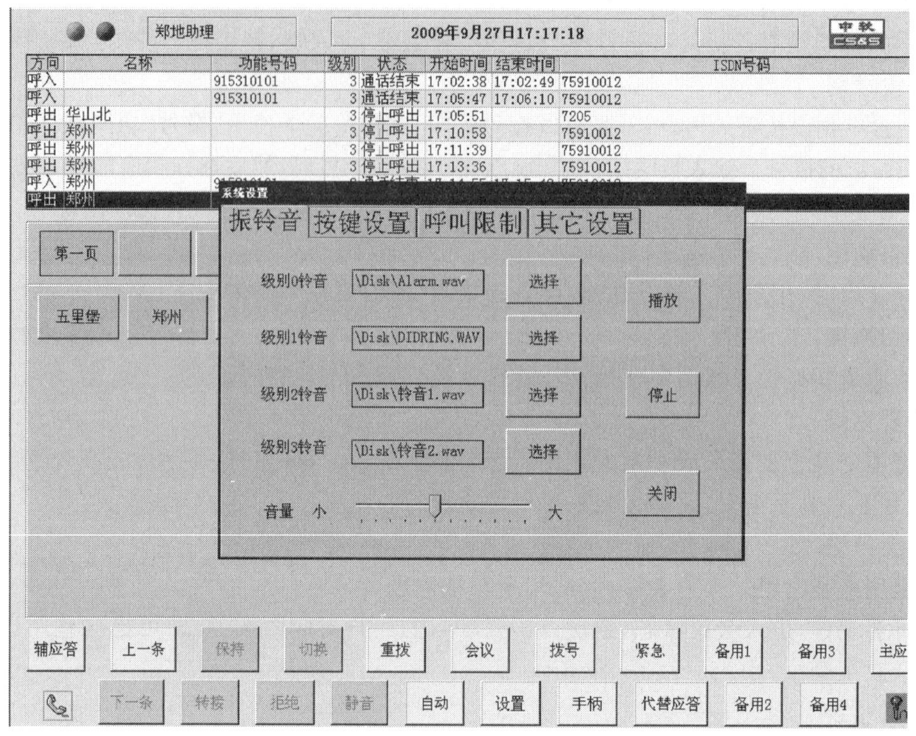

图　2-88

① 音量调整和屏幕调整

在其他设置菜单中，可以进行主辅通道送话和受话音量调节、屏幕显示的调整等，但实际使用中请不要把音量调节的过大或者过小，其他设置界面如图 2-89 所示。

② 呼叫前转

在其他设置中有呼叫前转按钮，点击弹出如图 2-90 所示界面，选择呼叫前转类型和输入前转目的号码，类型包括：无条件、无应答和遇忙。

6. 操作详解

(1)呼叫预定义按键的用户

当调度员、或值班员呼叫预设在用户键上的用户时，只需在触摸屏上点击该按键，按键会显示为黄三角同时听到回铃音(若对方设置为自动应答，则直接进入通话状态)，对方应答后即可通话，通话完成后可点击该用户按键或主挂机(辅挂机)结束通话，或者等待对方挂机。

(2)接听预定义按键用户呼入

当预设在用户键上的用户呼入时，该用户单键上会显示闪烁的黄三角并同时听到振铃音，此时在触摸屏上点击该用户按键或者主应答即可使用主通道通话；若希望使用手柄通话时，可直接拿起手柄或点击“辅应答”应答通话。通话完成后可点击该用户按键或辅挂机结束通话，或者等待对方挂断电话。

(3)呼叫未预定义按键的用户

需要呼叫的用户没有预定义按键时，可以通过拨号来呼叫该用户。需要注意的是，现在常用的号码类型有 3 种，分别为机车功能号，车次功能号和 ISDN 号。首先按拨号键，屏幕上会弹出一个拨号盘。采用机车功能号呼叫时，需要首先选择机车类型，输入机车编号，选择车上人员，然后按“机车

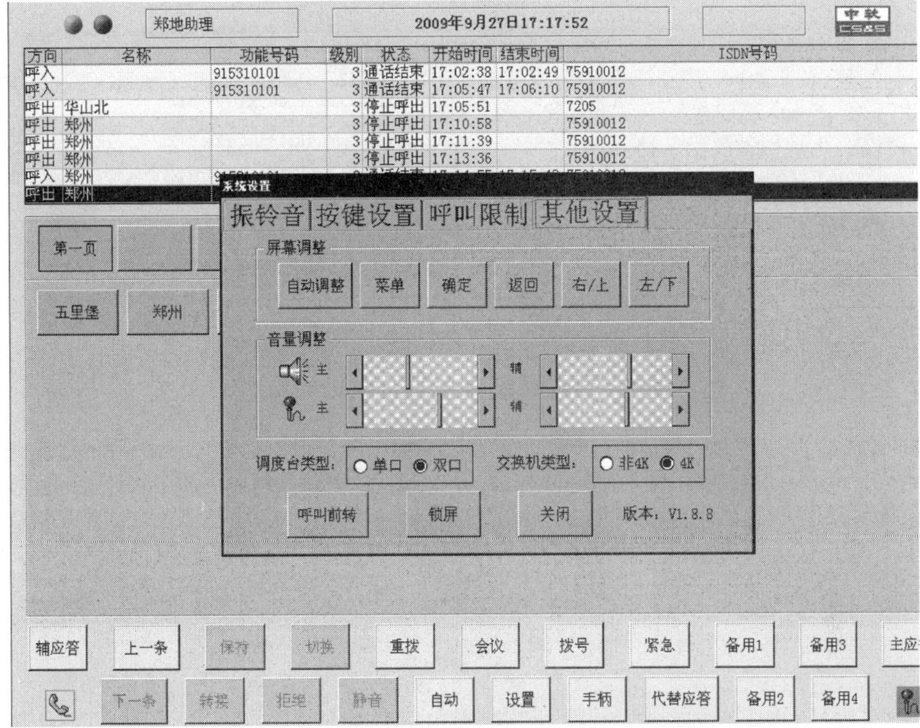

图　2-89

图　2-90

呼出”键呼出；采用车次功能号呼叫时，需要首先输入车次号，选择车上人员，然后按“车次呼出”键呼出；采用 ISDN 号码呼叫时，直接输入对方的号码，然后按“ISDN 呼出”键即可。通话完成后可按主挂机(辅挂机)结束通话，或者等待对方挂机，如图 2-91 所示为拨号盘示意图。

(4)未设定按键的用户呼入

当有未设定按键的用户呼入时，屏幕右下方的备用键显示对方号码，闪烁黄三角并同时听到振铃音，点击主应答或者正在闪烁的备用键即可应答通话，通话完成后可按该备用键或主挂机结束通话，或者等待对方挂机。若希望使用手柄通话时，可直接拿起手柄应答通话，通话完成后可按该备用键或辅挂机结束通话，或者等待对方挂机。

7. 重启

因操作错误，造成程序运行出错，可以按主机背面的电源开关关闭主机电源，然后再重新开启电源，设备会重新启动，并在 1 min 之内进入正常运行状态。

二、值班台及备用电话使用方法

(一)车站值班台使用方法

1. 呼出

(1)点击应用界面中单呼、组呼键区的按键呼叫相应的用户。

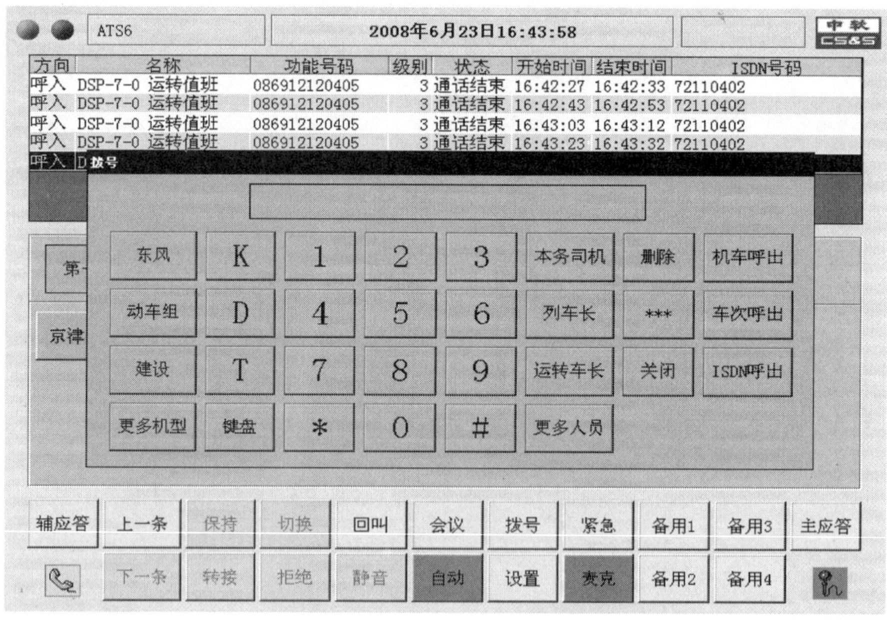

图 2-91

(2)拨号呼叫:点击功能键区的“拨号”键,弹出拨号盘。

①ISDN 呼出:点击相应数字输入对方 ISDN 号(移动用户的 ISDN 号以 149 开头,固定用户的 ISDN 号以 7 开头),然后按“ISDN 呼出”。

②机车呼出:选择机车类型,输入机车编号,选择车上人员,按“机车呼出”。

③车次呼出:输入车次,选择车上人员,按“车次呼出”。

2. 应答

(1)应答方式选择

用户可以选择“自动应答”和“人工应答”两种应答方式,功能键区的“自动”键显示绿色,表示自动应答,否则需人工应答。通过按压“自动”键来实现。

(2)应答方法

①自动应答:用户呼入直接进入通话状态,值班台不振铃。

②人工应答:选择人工应答时,用户呼入值班台振铃提醒用户应答。可通过以下几种方式应答来电。

a)用户呼入时,相应按键闪烁,可通过按压对应的按键接听来电。

b)使用功能键区的“主应答”键接听来电,使用麦克风与对方通话。

c)直接提起手柄应答。

3. 挂机

通话完毕用户可通过按压对应的用户键结束通话或通过按压功能键区的“主挂机”键结束通话;使用手柄通话时,将手柄正确放入手柄底座即可挂机。

(二)值班台备用电话使用方法

当值班台故障时,用户可使用摆放在工作台上的备用电话呼叫调度、邻站等用户。值班台工作正常时,备用电话提机听忙音。

呼叫方法:摘机后,拨对方的 ISDN 号,以 7 开头的 8 位号码。

注意：

①当值班台死机时，用户可自行按主机背面的电源开关关闭主机电源，然后再重新开启电源，设备会重新启动，并在 1 min 之内进入正常运行状态。

②若使用的麦克风为有源麦克风，应将麦克风底部的开关拨到电池方向，上面的开关拨为显示“ON”，并定期检查更换麦克风电池。

三、GSM-R 手持终端

GSM-R 是通过无线通信方式实现移动话音和数据传输的一种技术体制。

GSM-R 是基于 GSM，并在其功能上有所超越的成熟技术。它是专门针对铁路对移动通信需求而推出的一种专用系统。它可以满足铁路的特殊需求。

(1)高级语音业务。

如：优先级与强拆(eMLPP)、语音组呼(VGCS)、语音广播(VBS)。

(2)功能寻址、基于位置的寻址。

(3)高速情况下的移动通信。

(4)数据业务需求。如：列车控制信息、机车同步控制、调度命令、车次号传输与列车停稳信息的传送、列尾装置信息传送、调车机车信号和监控信息系统传输等。

GSM-R 手持机是基于 GSM-R 系统的手持终端，现将使用说明简单介绍如下：

1. 手机呼叫手机，直接拨对方 11 位手机号码。

举例：比如一部手机号码为 14985165432，用手机直接拨叫号码：14985165432。

2. 手机呼叫铁路固定电话：901＋铁路区号＋路电 5 位号码。

3. 铁路固定电话呼叫手机：

(1)郑州地区铁路电话(053)拨打方式为“149××××××××”。

(2)其他地区铁路电话拨打方式为“0149××××××××”。

4. 手机呼叫调度：直接拨调度 8 位号码(郑州地区为 683＋5 位号码)。

5. 短号码呼叫：

(1)直接拨 1200 呼叫当前调度区段的列车调度员。

(2)直接拨 1300 呼叫当前最近的车站值班员。

(3)直接拨 1400 呼叫当前调度区段的电力调度员。

6. 车次号功能号呼叫有两种方式：

(1)直接呼叫手机号码(在已知用户手机号码的情况下)，拨打方式同上。

(2)手机输入“2 CCCC ××××× FF”。

CCCC：车次号 0～2 位字母转换的 4 位数字，无字母时 CCCC＝0000，1 位字母时 CCCC＝00CC。字母与数字对应见表 2-3。

×××××：车次号中的数字位，1～5 位可变长。

FF：2 位数字功能码 FC　常见数字功能码 FC 功能描述见表 2-4。

举例：例如我们需要呼叫 Z38 次的司机，应输入号码为“2 0090 00038 01”。

CCCC：“Z38”有一个字母“Z”，CCCC＝0090。

车次号中的数字位“38”：00038。

FF：01 (01 代表司机)。

7. 手机机车功能号呼叫有两种方式：

表 2-3

字母	十进制数字	字母	十进制数字	字母	十进制数字
A	65	J	74	S	83
B	66	K	75	T	84
C	67	L	76	U	85
D	68	M	77	V	86
E	69	N	78	W	87
F	70	O	79	X	88
G	71	P	80	Y	89
H	72	Q	81	Z	90
I	73	R	82		

表 2-4

功能码(FC)	功能描述	功能码(FC)	功能描述
00	为告警保留	20	餐车主任
01	本务机司机	28	乘检人员
02～05	补机司机	29	列检人员
07	车上内部通信	30	铁路安全服务领导
08	车内广播	31	乘警长
10	列车长 1	40	ETCS/CTCS 使用
11	列车长 2	86	运转车长

(1)直接呼叫手机号码(在已知用户手机号码的情况下),拨打方式同上。

(2)输入“3 TTT ××××× FF”。

TTT:3 位数字机车类型代码，常见动车组类型代码见表 2-5。

表 2-5

代码	机车	型号
301	动车组	CRH_1
302	动车组	CRH_2
303	动车组	CRH_3
305	动车组	CRH_5

×××××:机车编号,1～5 位数字可变长,分别为×、××、×××、××××。特殊情况末位数字 X 表示机车 A、B 端代码,0:A 端,1:B 端。

FF:2 位数字功能码 FC,常见数字功能码 FC 功能描述见表 2-6。

表 2-6

功能码(FC)	功能描述	功能码(FC)	功能描述
00	为告警保留	20	餐车主任
01	本务机司机	28	乘检人员
02～05	补机司机	29	列检人员
07	车上内部通信	30	铁路安全服务领导
08	车内广播	31	乘警长
10	列车长 1	40	ETCS/CTCS 使用
11	列车长 2	86	运转车长

举例：例如我们需要呼叫 CRH2-061 的司机，应输入“3 302 00610 01”。

TTT：302 表示 CRH2 型车。

机车编号：0061，末位数字 0 表示机车 A 端。

FF：01(01 代表司机)。

第五节　计算机联锁系统操作

在操作方式上，客运专线各站计算机联锁系统均采用显示屏与鼠标结合的操作台；在显示方式上，由显示屏提供丰富的信息。现以郑西高铁巩义南站为例，说明屏幕的显示内容与操作方法。如图 2-92 是巩义南屏幕画面示例。

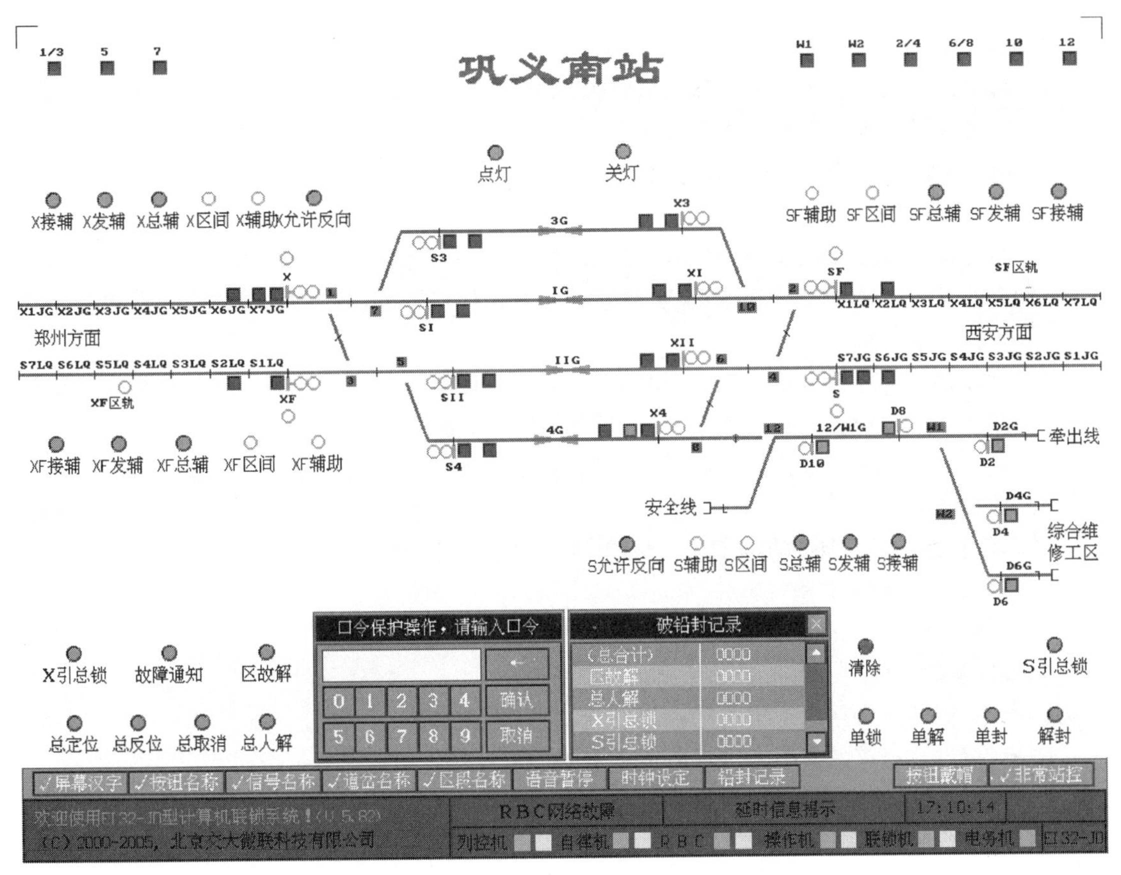

图　2-92

屏幕上的信息显示方式大致分为两大类：一类是自动显示的；一类是人工检索的。有关进路、道岔和信号的信息能直观、及时和形象化地显现出来，例如站场图中的许多信息。有些不经常发生或不经常变化的信息则在信息柜(屏幕最下一行的信息提示框)中自动显示出来。

为了使屏幕简明清晰起见，有些信息，如道岔名、轨道区段名等，需以鼠标点击相应的菜单框才能显示出来。

无论是操作按钮还是选取菜单框，都是通过操纵鼠标实现的。当要操作某一按钮时，首先移动桌面上的鼠标，将屏幕上的箭头形光标移动到所要操作的按钮上。当按钮作用区内出现手形符号时，再点击鼠标左键，即相当于按压了该按钮。根据铁道部颁发的技术条件，本系统遵循顺序按压两个或两个以上的按钮才能形成操作命令的原则。如果操作不符合本手册规定的操作顺序（不会引起联锁失效），屏幕上将给出相应的提示，提醒操作者及时取消错误的或无效的操作。

一、站场界面

(1)屏幕上的站场图形与信号平面布置图的站场图基本一致。

(2)绝缘节以白色短竖线（交叉渡线处的以短横线）表示；侵限绝缘以红圆圈中的红色竖线表示。

(3)经由道岔的线路以实线连接为当前开通方向。线路的开口（道岔开口）表示了当前道岔的开通方向。

(4)线路的显示颜色：

① 轨道区段空闲且在解锁状态时呈青色。

② 轨道区段空闲且在锁闭状态时呈白色。

③ 轨道区段有车或发生故障时呈红色。

1. 信号复示器设置及其显示

(1)信号复示器在站场图中的位置与信号布置平面图中的位置一致。

(2)列车信号机若为点灯状态，显示与室外信号机保持一致，若为关灯状态，则在相应信号复示器上带×，室外灭灯。

(3)列车信号复示器在信号机关闭时呈圆形红色；信号机开放时其圆形颜色与相应的显示一致；信号机在点灯情况下灯丝均断丝时，复示器闪红光。

(4)调车信号复示器在信号关闭时呈蓝色；信号开放时呈白色；灯泡断丝时闪蓝光。

2. 道岔状态显示

道岔的状态在站场图的相应道岔处和单设的道岔按钮处均有显示。

(1)站场道岔处的显示

①道岔的开口表示当前线路断开的一侧。

②道岔暂时（如正在转换）失去表示时，线路断开。

③道岔挤岔时，线路上挤岔的岔心闪红光，并有语音报警。

④道岔单封时，道岔岔心处出现蓝色圆点。

⑤道岔单锁或者道岔总锁时，道岔岔心处出现红色圆点。

(2)道岔按钮处的显示

①道岔在定位时，按钮呈绿色。

②道岔在反位时，按钮呈黄色。

③道岔在转换时，按钮呈灰色。

④道岔挤岔时，按钮呈红色。

⑤道岔单封时道岔按钮名呈蓝色。

⑥道岔单锁或者道岔总锁时道岔按钮名呈红色。

二、菜单选取

屏幕下方第一行为菜单框或称菜单按钮，多为非自复式。以鼠标点击某一菜单框时，框中出现“√”符号，表示曾被点击过，同时屏幕上显示相应的信息。再次点击该框时，表示按钮复原，框中符号“√”及相应的信息随之消失。

汉字提示——显示或隐藏在站场图中的汉字名，例如牵出线，专用线等。

按钮名称——显示或隐藏在站场图中各按钮的名称，例如BA、DZA等。

信号名称——显示或隐藏在站场图中各信号复示器的名称，例如X、S等。

道岔名称——显示或隐藏在站场图中道岔的名称。

区段名称——显示或隐藏在站场图中轨道区段的名称。

语音暂停——停止当前正在重复(连续)播放的语音信息。该语音停播后不会重播。但不影响新发生的语音信息(重复性的)的播放。非重复性语音信息不受“语音暂停”框控制。

时钟设定——修改当前的系统日时钟。

铅封记录——采用鼠标作为操作器具时，无法在屏幕的按钮上加装铅封，而是以“口令”代替“铅封”。例如按压区段故障解锁按钮(区故解)时，屏幕上自动弹出口令输入窗口，在该窗口中输入口令(相当于破了铅封)后，“区故解”的操作才能生效。“铅封记录”框是为查看破封次数而设置的。当点击该菜单框时，在屏幕上弹出破封记录窗口。从该窗口中可查看对各“加铅封”按钮已操作的次数。点击该窗口中的符号“▲”或“▼”可使窗口中的页面上下移(滚)动。点击窗口中的符号“×”，使窗口消失。

按钮戴帽——对列车按钮、调车按钮、引导按钮进行戴帽/摘帽操作，可以实现按钮的封锁功能。

非常站控——对本站进行站控模式和自律模式切换用。

三、信息自动提示框

屏幕最下一行是信息自动提示框。

(一)操作或联锁出现异常的提示框(在屏幕左下角)

该框中能提供以下信息：

操作错误——按钮操作不符合规定或按钮配对有误。

操作无效——按钮操作符合规定，但因条件不满足而无法执行，例如办理敌对进路操作。

进路选不出——在进路选排过程中，因条件不满足而选不出。

进路不能锁闭——进路选排成功后因进路锁闭条件不满足而无法锁闭进路。

信号不能开放——开放信号的条件不满足。

信号不能保持——信号开放后因保持条件不满足而不能保持开放。

灯丝断丝——信号机灯丝断丝(灯丝继电器失磁)。

命令不能执行——在进路或道岔锁闭期间，无法实现的操作命令。

不能自动解锁——因某种故障使进路不能自动解锁。

(二)故障报警框

当发生灯泡断丝、熔丝断丝、道岔挤岔、备机故障等设备故障时，框内提供汉字报警信息，而且该框的底色为红、蓝交替闪烁。

(三)延时信息框

反映人工解锁、接近锁闭后的区段故障解锁、延续进路解锁、第一区段故障时引导造成开放信号或股道中间道岔解锁的延时解锁的时间变化情况。框内显示相应的信号名、区段名和倒计时信息。例如，“X3 人解 ：14”表示下行3股道发车进路人工解锁尚需延时14 s。

(四)联机信息框

反映 RBC、列控机、自律机、操作机、联锁机、电务机以及操作机与联锁机之间的通信网的状态。

RBC:对应两台 RBC 通信前置机设有两个显示方块,左方块代表 N 通信前置机,右方块代表 R 通信前置机。绿色方块表示该机处于正常运行状态;红色方块表示 RBC 该机处于脱机或停机状态。

列控机:对应两台列控机设有两个显示方块,左方块代表Ⅰ系,右方块代表Ⅱ系。绿色方块表示该机处于主控状态;黄色方块表示该机处于备机(热备)状态;红色方块表示该机处于脱机或停机状态。

自律机:对应两台自律机设有两个显示方块,左方块代表Ⅰ系,右方块代表Ⅱ系。绿色方块表示该机处于主控状态;黄色方块表示该机处于备机(热备)状态;红色方块表示该机处于脱机或停机状态。

操作机:对应两台操作机设有两个显示方块,左方块代表 A 机,右方块代表 B 机。绿色方块表示该机处于主控状态;黄色方块表示该机处于备机(热备)状态;红色方块表示该机处于脱机或停机状态。

联锁机:显示内容及方式与操作机一样。

电务机:设一个显示框。绿色表示该机正常运行;红色表示该机停止运行。

(五)系统日时钟框

系统日时钟是指在系统内部表达当地标准时间的时钟,它有别于驱动计算机工作的时钟。在系统中(包括电务机),凡需要标明时间的设备状态,行车过程以及各种数据,均以系统日时钟的时间为准。

系统日时钟的底色不断变化时,表明操作机正在运行。

(六)电源屏供电框

反映电源屏当前供电状态。

1. 主电源:表示当前是主电源供电。

2. 副电源:表示当前是副电源供电。

注:如果主副电源均停电或未采集到电源供电条件该框为空白。

四、其他界面显示

(一)信号机降级表示灯

每架进站信号机设置一降级信号表示灯,平时灭灯,当收到 TCC 的信号降级信息时显示红灯,此时如开放黄闪黄显示则降级为双黄显示。

(二)区间空闲表示灯

每个正向发车区间设置一个“区轨”表示灯,用于监督整个站间是否空闲,当收到 TCC 区间空闲信息时显示灭灯,否则显示红灯。开放点灯状态的出站信号时,需要检查站间空闲,即“区轨”表示灯在灭灯状态。

五、按钮配置及操作

(一)列车信号或进路按钮

1. 列车信号按钮

在每一架列车信号复示器的前方，紧靠复示器处，设置一个绿色列车信号按钮，也称作列车进路按钮。主要供进路排列、解除或重复开放信号使用。

2. 列车变通进路按钮

当在进路的始端和终端之间有两条或两条以上的进路时，规定其中一条为基本进路；其他几条则为变通进路。为了排列变通进路的需要，在变通进路经由的线路处设置一个绿色列车变通按钮。若在列车变通进路上已设有调车信号按钮（单置、并置或差置），则该按钮可兼作列车变通进路按钮。

3. 列车通过按钮

为了简化操作，排列列车通过进路时，把正线直股接车进路和正线直股发车进路视为一条进路，只需按压一个通过进路的始端按钮和一个双线发车口处的列车终端按钮即可。为此在每一正向进站信号复示器的前方靠近信号按钮处，设一个绿色列车通过按钮。

4. 引导信号按钮

当进站信号机、出站信号机因故障不能开放或开放后又因故关闭时，可按引导方式接发车。为了办理引导进路和开放引导信号，在每个接发车信号复示器的前方设一个白色引导信号按钮。

（二）调车信号和进路按钮

1. 调车信号按钮（也称调车进路按钮）

在每一架调车信号机、出站兼调车信号机的前方设置一个白色调车信号按钮。它既可作调车进路的始端按钮，又兼作调车进路的终端按钮或列车进路变通按钮或调车进路变通按钮，由按压按钮的顺序而定。

2. 调车进路终端按钮

当调车进路的终端处，未设置调车信号机（相应的也未设调车信号按钮）时，须在该处设置一个白色调车进路终端按钮。

3. 调车变通进路按钮

当调车进路始端和终端两点间有两条或两条以上的调车进路时，规定其中只有一条为调车基本进路，其他皆为调车变通进路。为了排列调车变通进路，在变通进路必经的线路处需设变通按钮。列车变通按钮可兼作调车变通进路按钮用。若调车变通进路上设有反向单置调车信号机时，该信号机的信号按钮可兼作调车变通进路按钮。

（三）功能（共用）按钮

为了减少按钮数量和简化操作，把具有相同功能的操作赋予一个按钮承担。功能按钮可按车站或咽喉配置。

1.“总取消”按钮

为取消预先锁闭的进路，或者进路接近锁闭时关闭信号而设置的按钮。当防护信号机已开放其接近区段未被列车或机车车列占用时，若要解除已锁闭的进路，则须办理进路取消手续。它需与进路始端按钮配合使用。

2.“总人解”按钮（带铅封）

当防护信号机开放后，其接近区段被列车或机车车辆所占用，这时要解除已锁闭的进路，须办理进路的人工解锁（限时解锁）手续。办理了引导进路后，取消引导进路时需要使用总人解。为此对应全站（或每一咽喉区）设一个带“铅封”的总人工解锁按钮（总人解）。所谓带铅封是一种习惯称法。操作这类按钮时，需输入口令码（相当于破封，口令码为“123”）后才能生效。

它需要与进路始端按钮配合使用。

3.“区故解”按钮(带铅封)

当计算机联锁系统上电,轨道停电恢复或列车通过进路后,因轨道电路故障而使部分乃至全部轨道电路区段未正常解锁时,为了解除上述轨道区段的进路锁闭,设置一个带铅封的按钮。它需与区段名配合使用。区故接按钮也可作为紧急关闭已经正常开放的信号的一种手段。

4.“总定位”按钮

为了将道岔操纵到定位,对应全站(或每一咽喉区)的道岔设置一个共用的带灯的按钮。它配合道岔按钮把该道岔操至定位。

5.“总反位”按钮

为了将道岔操纵到反位,对应全站(或每一咽喉区)的道岔设置一个共用的带灯的按钮。它配合道岔按钮把该道岔操至反位。

6.“单封”按钮

同意电务人员对道岔进行维修的按钮。它需与道岔按钮配合使用。

7.“解封”按钮

解除单封的按钮。它需与道岔按钮配合使用。

8.“单锁”按钮

在特殊情况下(例如特种列车通过道岔时)将道岔单独锁闭的按钮。需与道岔按钮配合使用。

9.“单解”按钮

解除道岔单锁的按钮。需与道岔按钮配合使用。

10.“故障通知”按钮(带铅封)

设备发生故障时,用于记录和反映值班员对故障设备的确认。

11.“点灯”按钮

用于对列车信号机进行点灯操作。需与列车按钮配合使用。

12.“关灯”按钮(带铅封)

用于对列车信号机进行关灯操作。需与列车按钮配合使用。

13.“道岔总锁”按钮

咽喉道岔总锁闭按钮。一次性锁闭/解锁咽喉内所有道岔时使用。道岔总锁与道岔单锁不同,实施道岔总锁后,本咽喉不能再次办理进路。

14.“清除”按钮

为清除不带铅封的操作按钮信息,“进路控制异常信息框”中的显示等。对应全站设一个清除按钮。

(四)专用按钮

1. 道岔按钮

对应每组道岔(共用同一控制电路)设一个带显示的按钮。道岔按钮需与道岔功能按钮(如道岔总定位或总反位操纵按钮)配合操作,才能控制道岔。

2. 道岔尖轨/心轨故障按钮(带铅封)

对应每组高速道岔设一个带灯按钮。当不需要启动该道岔时,可在按压故障按钮后动作其他牵引电机。

(五)按钮操作

1. 对于不带“铅封”的按钮,通过鼠标点击该按钮,该按钮的操作立即生效。

2. 对于带“铅封”的按钮,当点击该按钮后屏幕上立刻弹出“口令保护操作,请输入口令”窗口(简称“口令窗”),要求操作者输入口令(相当于破铅封,口令为“123”)并确认。口令的输入过程如下:

①输入口令码。点击口令窗内的数字键,每点击一个数字键,窗口中显示一个“*”号。如果输入错误,可以点击删除键“←”,删除错误数字,重新输入。

②操作者认为口令码无误后,点击“确认”键。

③点击“确认”键后,系统(操作机)自动检查口令的正确性。若口令正确,系统会自动记录破封次数并使操作生效(屏幕对此无显示)。

④系统若检查出口令不正确,在异常信息提示框中显示“口令检查不正确,请重新输入”的提示信息,要求操作者重新输入口令。口令不正确的按钮操作不记入破封次数。

⑤操作者按压“确认”键之前,想取消该次按钮操作时,可直接点击口令窗内的“取消”键。

3. 当顺序操作多个按钮而不符合配对规则(例如按压了“总定位”按钮,又按压了一个信号按钮)时,屏幕上会弹出“操作错误”提示窗口,要求操作者点击窗口内的“确认”键消除不正确的操作信息(参考后面“按钮操作之(十)”)。

(六)进路和信号的办理

1. 办理列车进路和重复开放信号

(1)基本进路

操作:进路始端信号按钮+进路终端信号按钮(对于接车进路来说,进路终端信号按钮实际上是接车股道反向出站信号复示器处的信号按钮)。这里“+”号左边的按钮为先按压的按钮,其右边的为后按压的按钮(下同)。

条件:符合联锁表要求。

显示:按压始端按钮后,信号机名闪烁,进路建立过程中,屏幕显示出有关道岔的动作情况。进路建立成功,进路呈白色光带,信号名呈白稳。信号开放后,复示器给出相应显示。信号名消失,进路建立失败,屏幕提供相应的信息。

(2)通过进路

操作:通过进路按钮(在通过进路的始端)+正线发车进路终端信号按钮。

条件:符合联锁表要求。

显示:相当于同时排列接车进路和发车进路时的表示。

注:当需办理进站的开灯状态的通过进路时,首先人工将出站办理为开灯状态,然后再办理通过进路。

(3)变通进路

操作:始端信号按钮+变通按钮(一个或一个以上)+进路终端按钮。

条件:符合联锁表要求。

显示:与基本进路相同。

(4)重复开放信号

操作:进路始端信号按钮

主要条件:信号因故关闭,但开放条件仍然满足。

显示:信号复示器显示开放信号。

2. 办理调车进路和重复开放信号

(1)基本进路

操作:调车进路始端信号按钮+调车进路终端信号按钮(顺向单置信号机的信号按钮、并置或差置反向信号机的信号按钮、尽头线反向信号机按钮或专设的调车进路终端按钮)。

条件:符合联锁表要求。

显示:类似于列车基本进路。

(2)变通进路

操作:进路始端按钮+变通按钮(变通进路中反向单置调车信号机的信号按钮或专设的变通按钮)+进路终端按钮。

条件:符合联锁表要求。

显示:类似于基本进路。

(3)组合调车进路(长调车进路)

操作:组合进路始端按钮+组合进路的终端按钮(当组合进路包括变通进路时,在按压始端按钮之后,需按压变通进路的变通按钮)。

条件:符合联锁表要求。

显示:组合进路的调车信号由远及近地开放。

(4)重复开放信号

操作:进路始端信号按钮。

条件:信号开放的条件满足。

显示:信号开放。

(七)信号机的点灯

1. 进站信号机

操作:常态为关灯状态;需要转为点灯状态(如车载设备故障或开行未安装 ATP 车载设备的列车时,下同),按压点灯按钮+信号按钮。

条件:必须在信号机红灯的关灯状态下完成,即信号复示器显示带 X 红灯时办理。如信号在带 X 允许灯光时,需办理总取消+信号按钮先关闭信号;在带 X 引导灯光时,需办理总人解+信号按钮先关闭信号。

显示:信号复示器变为不带 X 显示。

2. 不兼调车的出站信号机

操作:常态为关灯状态;需要转为点灯状态,按压点灯按钮+信号按钮。

条件:必须在信号机红灯的关灯状态下完成,即信号复示器显示带 X 红灯时办理。如信号在带 X 允许灯光时,需办理总取消+信号按钮先关闭信号;在带 X 引导灯光时,需办理总人解+输入口令+信号按钮先关闭信号。

在办理以该出站信号机为调车阻挡,或点灯接车进路阻挡时,自动转变为点灯状态。

显示:信号复示器变为不带 X 显示。

3. 兼调车的出站信号机

操作:常态为关灯状态;需要转为点灯状态,按压点灯按钮+信号按钮。

条件:必须在信号机红灯的关灯状态下完成,即信号复示器显示带 X 红灯时办理。如信号在带 X 允许灯光时,需办理总取消+信号按钮先关闭信号;在带 X 引导灯光时,需办理总人解+信号按钮先关闭信号。

在办理以该出站信号机为调车阻挡，或点灯接车进路阻挡时，自动转变为点灯状态。

当办理以该信号机为始端的调车进路时，自动转变为点灯状态。

显示：点灯后信号复示器变为不带X显示。

4．调车信号机

不存在点灯/关灯状态转变，均为点灯状态。

（八）信号机的关灯

1．进站信号机

操作：常态即为关灯状态；需要将已经点灯的信号机转为关灯状态时，按压关灯按钮＋输入口令＋信号按钮。

条件：必须在信号机红灯的点灯状态下完成，即信号复示器显示不带X红灯时办理。如信号在不带X允许灯光时，需办理总取消＋信号按钮先关闭信号；在不带X引导灯光时，需办理总人解＋输入口令＋信号按钮先关闭信号。

接车进路首区段解锁后，自动转为关灯状态。

显示：信号复示器变为带X显示。

2．不兼调车的出站信号机

操作：常态即为关灯状态；需要将已经点灯的信号机转为关灯状态时，按压关灯按钮＋输入口令＋信号按钮。

条件：必须在信号机红灯的点灯状态下完成，即信号复示器显示不带X红灯时办理。如信号在不带X允许灯光时，需办理总取消＋信号按钮先关闭信号；在不带X引导灯光时，需办理总人解＋输入口令＋信号按钮先关闭信号。

在由于办理了以该出站信号机为调车阻挡，或点灯接车进路阻挡而转变为点灯状态后，失去阻挡意义（如被阻挡进路解锁且股道空闲）时，自动转为关灯状态。

办理发车时，发车进路首区段解锁后，自动转为关灯状态。

显示：信号复示器为不带X。

3．兼调车的出站信号机

操作：常态即为关灯状态；需要将已经点灯的信号机转为关灯状态时，按压关灯按钮＋输入口令＋信号按钮。

条件：必须在信号机红灯的点灯状态下完成，即信号复示器显示不带X红灯时办理。如信号在不带X允许灯光时，需办理总取消＋信号按钮先关闭信号；在不带X引导灯光时，需办理总人解＋输入口令＋信号按钮先关闭信号。

在由于办理了以该出站信号机为调车阻挡，或点灯接车进路阻挡而转变为点灯状态后，失去阻挡意义（如被阻挡进路解锁且股道空闲）时，自动转为关灯状态。

办理发车或调车进路时，进路首区段解锁后，自动转为关灯状态。

显示：点灯后信号复示器为不带X。

（九）进路或轨道区段的解锁

1．取消进路

操作：总取消按钮＋进路始端信号按钮。

主要条件：进路处于预先锁闭状态，进路空闲，轨道电路无故障，道岔位置正确。

显示：信号关闭，进路白光带消失。

2．人工解锁

操作:总人解+输入口令+进路始端按钮。

条件:进路处于接近锁闭状态,进路空闲,道岔表示正确。

显示:自信号关闭后,延迟到规定的时间(屏幕上有延时提示,正线进出站列车信号需延时 5 min,侧线出站或调车信号需延时 30 s 才能解锁),进路白光带消失。

3. 轨道区段故障解锁

操作:区故解按钮+输入口令+待解锁的区段按钮。

条件:被解锁的区段不在列车或车列运行的前方而且该区段轨道电路无故障。

显示:在按压"区故解"按钮并输入口令后,该按钮呈红色,同时所有需要解锁的区段处呈红色区段名,该区段名就是区段按钮。点击区段按钮,相应区段的白光带消失。

说明:

(1)在连续解锁多个区段的情况下,除了解除第一个区段时需按上述操作外,解锁其他区段只需点击"区故解"和"区段名"按钮,而不需输入口令码,以便提高操作效率。

(2)在解锁多个区段期间,如果误按了其他(非区段)按钮,则"区故解"操作信息失效,必须重新按压"区故解"按钮和输入口令,再进行区段解锁。

(3)在进路处于接近锁闭状态和列车未驶入进路的情况下,进路因轨道电路故障而不能人工解锁,而需按区段故障解锁方式解锁。在此情况下,必须先使进路内方某一轨道区段按故障解锁方式延时解锁。该区段需延时 5 min 或 30 s 才能解锁,以后各区段解锁不用延时。在延时期间办理其他区段解锁无效。

(4)为了保证安全,系统初次上电后,全站所有轨道区段均处于锁闭状态。需按"区故解"方式使各区段解锁。

4. 调车组合进路解锁

调车组合进路是由若干条单元进路合进路的解锁需按单元进路分别办理。

(十)引导进路的办理与解锁

引导进路的办理与解锁分为两种方式:一是接发车进路已锁闭后转为引导方式。在这种方式下,本系统对进路实施了双重锁闭,即进路锁和引导锁。在解除锁闭时,需先解除引导锁,后解除进路锁;二是接发车进路不能锁闭时,办理引导进路方式,该方式对引导进路仅实施了引导锁。

1. 接发车进路锁闭后转引导方式

接发车进路已经锁闭,由于某种故障不能开放允许信号时,需按本方式办理引导进路。

(1)办理操作

①当信号机内方第一轨道区段电路无故障时的操作为:

引导按钮+输入口令。引导信号开放后保持到列车驶入信号机内方或人工关闭时为止。

②信号机内方第一轨道电路区段故障时的操作为:

引导按钮+输入口令。此后必须断续地点击引导信号按钮。重复点击的间隔时间不应超过 14 s。否则引导信号自动关闭。

(2)解锁操作

①轨道电路无故障(含进路为白光带)情况下的解锁

a. 列车未驶入进路时的解锁操作

第一步:取消引导锁的操作:总人解+输入口令+列车信号按钮

第二步:取消进路锁的操作:总取消+列车信号按钮。

b. 列车到达股道(发车为进入1LQ)后的解锁操作

第一步:取消引导锁的操作:总人解＋输入口令＋列车信(基本进路或变通进路)组合而成。

第二步:按“区故解”方式解除进路锁(发车也可采用再次办理“总人解＋输入口令＋列车信号按钮”方式解除进路锁)。

②信号机内方第一轨道电路区段(以下简称第一区段)故障情况下的解锁

a. 列车尚未驶入接近区段时的解锁操作

第一步:取消引导锁的操作:总人解＋输入口令＋列车信号按钮

第二步:按“区故解”方式解除进路锁。

b. 列车驶入接近区段时的解锁操作

必须在列车到达股道(发车为进入1LQ)后才能进行解锁操作。

第一步:取消引导锁的操作:总人解＋输入口令＋列车信号按钮。

第二步:按“区故解”方式解除进路锁(发车也可采用再次办理“总人解＋输入口令＋列车信号按钮”方式解除进路锁)。

③信号机内方非第一轨道电路区段(其他区段)故障情况下的解锁

a. 列车尚未驶入接近区段,或先办理引导进路然后列车驶入接近区段的解锁操作

第一步:取消引导锁的操作:总人解＋输入口令＋列车信号按钮。

第二步:按“区故解”方式解除进路锁。

b. 列车先驶入接近区段,而后办理引导进路的解锁操作

第一步:取消引导锁的操作:总人解＋输入口令＋列车信号按钮。

第二步:按“区故解”方式解除进路锁,但在点击第一个区段名后需延时5 min后才能解锁,其他区段解锁不再延时。

2. 接发车进路不能锁闭时办理引导进路方式

接发车进路因站内轨道电路区段故障不能建立,在此情况下,需按本方式办理引导进路。

办理操作:引导按钮＋输入口令＋接发车终端列车信号按钮。

在此操作下,无故障道岔轨道电路区段中的道岔自动转换到引导进路所需的位置,并实现引导锁,非故障轨道区段显示白光带,引导信号开放。若引导信号内方第一轨道区段故障,则需断续地点击引导信号按钮。重复点击的间隔时间应不大于14 s。否则引导信号将自动关闭。

(1)信号机内方非第一轨道电路区段故障情况下的解锁操作:总人解＋输入口令＋列车信号按钮。

(2)信号机内方第一轨道电路区段故障,列车尚未驶入接近区段情况下的解锁操作:总人解＋输入口信＋列车信号按钮。

(3)信号机内方第一区段故障,列车已驶入接近区段,必须在列车到达股道(发车为进入1LQ)后,才能办理解锁:总人解＋输入口令＋列车信号按钮。

(十一)道岔的单操和单封、单锁与其解锁、道岔总锁

1. 道岔单操

操作:总定位(总反位)按钮＋道岔按钮。

显示:按压总定(反)位按钮后,该按钮闪绿(黄)色。道岔转换到指定位置后,总定(反)位按钮恢复暗灰色,道岔按钮呈绿(黄)色。

2. 道岔单封

操作:单封按钮+道岔按钮。

显示:按压单封按钮后,该按钮闪蓝色。按压道岔按钮及线路中相应道岔处出现蓝色圆点后,道岔名称呈蓝色,单封按钮恢复原色。

3. 道岔解除封锁

操作:解封按钮+道岔按钮。

显示:按压解封按钮后,该按钮呈绿闪;按压道岔按钮后线路中相应道岔处的蓝圆点消失,道岔按钮名及解封按钮恢复原色。

4. 道岔单锁

操作:单封按钮+道岔按钮。

显示:按压单锁按钮后该按钮呈绿闪,线路上相应道岔处出现红圆点,道岔名称呈红色,单锁按钮恢复原色。

5. 道岔单解

操作:单解按钮+道岔按钮。

显示:按压单解按钮后,该按钮呈绿闪;按压道岔按钮后,道岔处的红圆点消失,道岔按钮名和单解按钮恢复原色。

6. 道岔总锁

操作:按下道岔总锁+输入口令。

显示:按压道岔总锁按钮后该按钮呈红色,线路上所有本咽喉道岔处出现红圆点,道岔名称呈红色。

7. 道岔总锁解锁

操作:再次按下道岔总锁(相当于拉出)。

显示:再次按下道岔总锁按钮后,该按钮恢复原色;道岔处的红圆点消失,道岔按钮名恢复原色。

(十二)按钮戴帽

1. 按钮加帽

操作:按钮戴帽按钮+对话框内"O"选项+信号按钮。

显示:按压按钮戴帽后,在按钮上出现"×"标记符号,表示按钮已被封锁。再次按压被封锁的按钮不形成有效操作,并提示"按钮已加帽、禁止操作"。

2. 按钮摘帽

操作:按钮戴帽按钮+选择对话框内"摘帽"选项+已戴帽信号按钮。

显示:在按钮上"×"标记符号消失,按钮恢复正常使用。

(十三)改变运行方向

1. 改变运行方向的正常办理

设甲站为接车站,乙站为发车站,区间空闲,双方均未办理发车,此时若甲站要求向乙站发车,当向正向发车时,则由甲站值班员按压列车始终端按钮,办理发车进路,即可自动改变运行方向;当向逆向发车时,则由甲站值班员先按下允许反方向按钮(允许反向),然后按压列车始终端按钮,办理发车进路,即可自动改变运行方向。

2. 改变运行方向的辅助办理

设甲站为接车站,乙站为发车站,当"区间"亮红灯,此时若甲站要求向乙站发车,需两站值班员确认区间空闲后，共同进行辅助办理来改变运行方向，具体操作如下：

(1)甲站

破封按压“总辅”(鼠标操作为单击“总辅”，输入口令，此时按钮闪烁)，破封按压“发辅”(鼠标操作为单击“发辅”，输入口令，此时按钮闪烁)，“辅助”灯亮白闪；等乙站辅助办理完毕，甲站发车表示灯亮绿灯后，“发辅”自动复原，“辅助”灯亮白灯，表示甲站辅助办理完毕。值班员利用发车进路或调车进路办理发车作业，当车压入信号机内方时，“辅助”灯灭灯。

(2)乙站

破封按压“总辅”(鼠标操作为单击“总辅”，输入口令，此时按钮闪烁)，破封按压“接辅”(鼠标操作为单击“接辅”，输入口令，此时按钮闪烁)，“辅助”灯亮白闪；当接车表示灯亮黄灯，“辅助”灯亮白灯后，“接辅”自动复原，表示本站辅助办理完毕。

注：在“发辅”、“接辅”、“总辅”按下期间，值班员也可再次单击按钮(相当于按钮松开)，使按钮复原。

3. 屏幕设置及点灯条件

发车表示灯——绿色，向外方向箭头，表示本站处于发车方向。

接车表示灯——黄色，向内方向箭头，表示本站处于接车方向。

“总辅”按钮——总辅助按钮，非自复式，带口令。按下时，按钮闪烁；再次按压(相当于按钮松开)后，按钮停止闪烁。

“发辅”按钮——发车辅助按钮，条件自复式，带口令。按下时，按钮闪烁；再次按压(相当于按钮松开)或发车表示灯亮绿灯时，按钮停止闪烁。

“接辅”按钮——接车辅助按钮，条件自复式，带口令。按下时，按钮闪烁；再次按压(相当于按钮松开)或“辅助”灯亮白灯时，按钮停止闪烁。

“允许反向”按钮——允许反方向按钮，条件自复式，带口令。按下时，按钮闪烁；再次按压(相当于按钮松开)或逆向发车进路排列后，按钮停止闪烁。

“辅助”灯——辅助办理表示灯，平时灭灯，表示没有办理辅助改变运行方向；当已经办理辅助改变运行方向请求，TCC 正在改变方向过程中时亮白闪；当 TCC 收到办理辅助改变运行方向请求，且方向改变成功时亮白灯。

“区间”灯——监督区间占用表示灯，平时灭灯，表示区间空闲；当区间有车占用，或已办理发车进路(含相邻站)，或已开始辅助办理时亮红灯。

第三章　高速铁路行车组织

高速铁路因其技术条件与装备、岗位设置、作业环境等的不同，其行车组织办法与既有线相比，有着比较大的差别，主要表现在接发列车、调车作业和施工维修三个方面。

第一节　接　发　列　车

一、岗位设置

传统的调度指挥方式是列车调度员—车站值班员—列车司机，而高铁由于其技术装备的先进，作业环节少，自动化程度高，列车调度员可以直接指挥列车司机，调度指挥效率大大提高。

高铁调度台设有列车调度员和助理调度员两名。正常情况下以分散自律控制模式作为基本行车模式，由列车调度员负责直接指挥和办理调度集中控制区段有关行车工作，司机等相关人员直接向列车调度员报告有关行车工作。

高铁车站一般不设固定的车站值班员，车站设应急值守人员（分为车务应急值守人员和电务值守人员），应急值守人员由车务具有车站值班员职名的人员和电务信号人员担任。车务应急值守人员在车站行车监控室（设置有调度集中车站控制终端的处所）值守。电务应急值守人员除完成规定的巡视检查、维护工作以外，在车站行车监控室参与值守工作。

二、岗位职责

1. 列车调度员

（1）列车调度员是本调度区段行车工作的统一指挥者，履行《铁路运输调度规则》规定的职责。

（2）监视列车的运行情况，调整列车运行计划和到发线使用。

（3）发布列车运行调度命令、有关行车凭证和口头指示。

（4）指示助理调度员依据施工、维修单位的登记及时拟定施工、维修调度命令，并授权下发。

（5）对列控限速调度命令（数据格式）的设置、取消及需要人工排列的进路，与助理调度员执行“两人确认”。

2. 助理调度员

（1）接受列车调度员的领导。

（2）监视列车的运行情况，监控管辖各站列车进路和调车进路的排列情况。如设备不能自动动作时，进行人工排列进路和开放信号，与列车调度员执行“两人确认”。

（3）系统无法实现自动预告时，与非 CTC 控制区段的车站值班员办理预告手续。

（4）组织实施天窗施工及接触网停送电计划，遇设备故障、施工、检修时，与设备维护人员办理登、销记手续，依据施工日计划和施工、维修单位的登记，按照列车调度员的指示和授权，及时拟定并发布施工、维修调度命令。

（5）担任调车领导人，及时编制调车作业计划，向车站和司机下达调车作业计划。

（6）与列车调度员执行“两人确认”，完成列控限速的设置、取消工作。

3. 车务应急值守人员的职责

(1)正常情况下，在行车监控室值守和间休，不参与行车作业。每班 24 h 工作制的，班中休息时间为 8 h。车务应急值守人员应坚守岗位，不得擅自离开行车监控室。遇特殊情况需要临时离开时，必须报告列车调度员及车站值班干部并得到批准，明确联系方式后，方可离开。

(2)在设备故障、施工维修、非正常行车等情况下，由分散自律控制转为非常站控时，车务应急值守人员根据列车调度员指示，担当车站值班员，指挥车站有关行车工作，具体负责办理以下行车作业：

①向司机等相关人员递交书面调度命令。

②组织相关人员现场准备进路。

③组织相关人员对故障设备进行检查、确认。

④组织应急救援，完成信息传递和其他需现场了解、检查确认的工作。

电务、工务人员应根据车务应急值守人员指示，协助办理②、③、④项有关作业。

三、分散自律与非常站控的转换

在分散自律模式下，由列车调度员直接办理行车，但出现 CTC 设备故障、施工维修作业需要、发生危及行车安全等情况时，可转换为非常站控模式，由车务应急值守人员担当车站值班员，在列车调度员的指挥下，办理行车工作并遵守下列要求。

1. 在分散自律控制模式下，车务应急值守人员接到或发现危及行车安全的情况需要转为非常站控时，应立即按下非常站控按钮转为非常站控，并及时报告列车调度员。处理完毕后，根据列车调度员的指示转回分散自律控制模式。除上述情况外，车站转入非常站控模式和转回分散自律控制模式，按列车调度员指示办理。

2. 分散自律模式与非常站控模式相互转换，车务应急值守人员、列车调度员应分别在《行车设备检查登记簿》上登记。

3. 除因危及行车安全必须立即转为非常站控外，列车调度员提出需转为非常站控时，须经调度所值班主任准许，车站盯控人员到岗后，方可转换；车站提出需转为非常站控时，车站盯控人员必须到岗并同意后，方可向列车调度员提出转为非常站控。转非常站控时，列车调度员应通知调度所值班干部上岗盯控，车站值班员应通知盯控人员上岗盯控。

4. 转为非常站控模式的车站办理接发列车作业时，车站值班员须通知司机车站已转为非常站控模式。

5. 转为非常站控模式前，列车调度员须与车务应急值守人员核对列车运行计划、车站及相邻两区间设备情况、有关调度命令和指示、站内到发线占用情况等。

遇危及行车安全的紧急情况需立即转为非常站控模式时，可先转为非常站控模式，但列车调度员与车务应急值守人员必须核对清楚有关行车事项后，方准办理行车。

6. 发生设备故障影响列车运行时，列车调度员须采取应急处置措施后(拦、扣有关列车，呼叫司机等)，方准转为非常站控模式。

由于行车办理权的转换，如果车站值班员不了解有关情况就盲目作业，容易出现安全问题，所以铁路局对转为非常站控模式前，车务应急值守人员要清楚掌握哪些内容有着严格的规定，具体如下：

(1)“计划清”。车务应急值守人员须与列车调度员核对列车运行计划，确认车次、股道、时刻、运行位置、站内到发线占用情况。

(2)"设备清"。车务应急值守人员须询问列车调度员车站及相邻两区间设备情况,如有设备故障时,须问清故障设备名称、故障地点、影响范围及行车限制条件等。

(3)"命令清"。车务应急值守人员须询问列车调度员与本站有关的调度命令内容及执行情况。

(4)"对象清"。车务应急值守人员须询问列车调度员邻站是否处于非常站控模式,明确办理行车手续的对象。

为保证行车安全,车站转为非常站控模式时,车站值班干部要上岗监护作业并认真执行下列规定:

(1)必须立即到岗。车站值班干部接到车务应急值守人员的报告后,必须立即到行车监控室,掌握相关情况,盯控作业关键。

(2)必须加强盯控。车站值班干部到岗后,须认真盯控进路、行车凭证、调度命令、"运统46"等关键内容,填记《非正常情况下接发列车关键环节控制程序》。

(3)必须及时汇报。车站值班干部必须及时向站段值班室汇报,重要信息向运输处值班室汇报。

四、行车凭证

1. 动车组列车在完全监控、引导或部分监控模式下运行时,行车凭证为列控车载设备显示的允许运行信号(允许运行的速度值,以下同)。反向运行时,CTCS-3 列控系统最高允许速度为 300 km/h,CTCS-2 级列控系统最高允许速度为 250 km/h。

动车组列车因列控车载设备故障转入隔离模式时,按地面信号显示运行。

2. 遇停止基本闭塞改电话闭塞或施工路用列车遇车站(既有线车站除外)出站信号机故障时,以调度命令作为进入区间的行车凭证。

3. 在 CTCS-3 级区段,动车组列车在始发站或折返站发车时,以机车信号作为行车凭证,按 CTCS-3 级目视模式运行。

4. 列车调度员(车站值班员)在排列施工路用列车、救援列车进入封锁区间的进路时,能开放出站(含引导出站)信号机时,以开放信号机(不点灯)准备列车进路,司机凭调度命令进入封锁区间;不能开放出站(含引导出站)信号机时,以单操锁闭道岔方式准备进路,通过光带及道岔表示灯确认进路正确,司机凭调度命令进入封锁区间。

5. 列车按 LKJ 方式行车时,行车凭证为机车信号。

6. CTCS-3 级区段遇特殊情况接发动车组列车的行车凭证详见表 3-5。

五、调度命令

动车组装备有机车综合无线通信设备(CIR),能实现列车调度通信和调度命令信息(包括调度命令、行车凭证、接车进路预告、调车作业通知单等)无线传送、车次号校核数据无线传送等功能,并对上述各类通信过程和内容进行记录。

遇无线传送系统故障时,在具备良好的转接设备和通信记录装置的情况下,可使用列车无线调度通信设备发布、转达。

(一)发布调度命令的基本规定

1. 调度命令发布前,应详细了解现场情况,听取有关人员的意见,书写命令内容、受令处所必须正确、完整、清晰。

2. 采用计算机发布调度命令时,必须严格遵守"一拟、二审核(按规定须监控人审核的)、三签(按规定须领导、值班副主任签发的)、四发布、五确认签收”的发布程序,受令人必须认真核对命令内容并及时签收。

3. 采用电话发布调度命令时,必须严格遵守“一拟、二审核(按规定须监控人审核的)、三签(按规定须领导、值班副主任签发的)、四发布、五复诵核对、六下达命令号码和时间”的发布程序办理。发布、接收调度命令时,应填记《调度命令登记簿》,并记明发收人员姓名及时刻。

4. 采用常用行车调度命令用语(附件1)拟写的命令,计算机编辑时“用语”中未用到的字句删除,书面拟写时“用语”中未用到的字句圈掉。

5. 调度命令书写不正确时,应重新书写。

6. 已发布的调度命令,遇有错、漏或变化时,必须取消前发命令,重新发布全部内容的调度命令。

7. 使用调度命令无线传送系统向司机发布书面调度命令时,司机应及时签认接收。确认签收后,对内容无疑问时,司机不再与列车调度员核对,但对其内容有疑问时,须立即向列车调度员询问。

8. 发布运行揭示调度命令,不准夹带与受令处所无关的内容和命令。

9. 发布有关线路、道岔限速的调度命令,必须注明具体地点(包括站内线别、道岔号码)、起止里程及时间。发布事故救援命令中有关线路、道岔必须注明里程。

10. 指定时间段内的综合维修作业,在综合维修作业完毕销记后,列车调度员不再发布综合维修作业结束恢复行车的命令。如需延长作业时间须列车调度员发布调度命令批准。

(二)发布行车调度命令的规定

1. 指挥列车运行的命令和口头指示,只能由列车调度台发布。

2. 发布行车调度命令,要一事一令,不得发布无关内容。一事一令是指对一个独立事件发布一个命令,该独立事件包括单因素事件和多因素事件两类。单因素事件是指不与其他工作发生关联的简单事件;多因素事件是指涉及两项及其以上工作内容,且因此及彼、因果相关、时间相连的复杂事件,可发布一个调度命令。

3. 交付调度命令的规定:

(1)具备调度命令无线传送系统的,应使用调度命令无线传送系统向值乘司机发布调度命令。

(2)在无线传送系统故障的条件下,可使用列车调度电话向列车司机发布调度命令,司机接到命令后,须与列车调度员核对。

(3)调度命令必须在列车进入关系区间(站)前交付,列车调度员未得到回执前(非常站控模式情况下车站值班员未得到列车调度员命令已传达到司机的通知),不得开放接发该次列车的出站或进站信号。

4. 使用“常用行车调度命令用语”发布行车调度命令时,涉及限速内容须一并下达(司机事先已有限速调度命令除外)。

5. 遇大风,列车调度员按防灾安全监控系统报警提示发布限速调度命令,遇某一时段风速不稳或某一地段多处风速报警,造成频繁发布限速调度命令和设置、取消列控限速时,经值班(副)主任批准,列车调度员在某一时段或地段按最低限速值发布限速调度命令,并及时设置列控限速。

6. 在同一处所(地段),当多个部门、防灾安全监控系统提出的限速要求不一致时,列车调度员按最低限速值发布限速调度命令、设置列控限速。

7. 来不及发布限速调度命令、设置列控限速时,发布口头指示通知司机限速,司机按列车调度员通知的限速要求运行。

(三)发布综合维修作业调度命令的有关规定

综合维修作业调度命令是指作业当日由列车调度台发布的准许综合维修作业开始等与实际综合维修作业有关的调度命令。

1. 综合维修调度台负责拟写次日综合维修作业调度命令,经一人拟写、另一人核对后,传(交)列车调度台。

2. 列车调度台根据综合维修作业日计划及开始作业的请求,发布准许进行综合维修作业调度命令。

3. 综合维修作业完毕后,列车调度台根据作业完毕的签认,确认放行列车条件,恢复办理行车工作。

4. 施工开通后有第1,2,3……列限速要求的列车,由列车调度台发布调度命令。

5. 因施工延迟或其他原因造成与运行揭示调度命令不符时,列车调度员须在取消前发运行揭示调度命令的同时,向有关司机、施工负责人重新发布全部内容的调度命令;相符时仍按前发运行揭示调度命令执行。

(四)发布运行揭示调度命令的有关规定

运行揭示调度命令是指由综合维修调度台编制的涉及限速、行车方式变化和设备变化的调度命令。

1. 综合维修调度台依据施工日计划和主管业务处提报的灾害、故障涉及限速、行车方式变化的申请及"常用运行揭示调度命令基本用语"编制运行揭示调度命令,命令中未用到的字句删除。

2. 运行揭示调度命令内容应包括"时间、地点、因由、速度、行车方式变化、设备变化"六要素。

3. 运行揭示调度命令须一人拟写、另一人核对,施工调度室主任(副主任)、调度所副主任逐级审核签字,于施工前1日12:00前发布至有关机务段、运转车长所属单位、主管业务处,传(交)列车调度台。主管业务处转交施工单位。

(五)临时限速调度命令的管理

1. 发生灾害、设备故障等影响行车的突发情况(含施工开通后未达到规定的放行列车条件),列车调度员应立即采取应急处置措施,发布限速调度命令,设置列控限速,通知综合维修调度台,并向值班副主任汇报。

2. 登记限速单位对于当日天窗结束未取消或登记限速单位不能答复预计取消(变更限速条件)时间的临时限速,应向主管业务处提报限速申请,主管业务处审核后提报给综合维修调度台,综合维修调度台发布运行揭示调度命令。

3. 列车调度员确认在途司机均已收到运行揭示调度命令后,方可不再向司机发布限速调度命令。

4. 经整治需要变更已纳入运行揭示管理的限速时,设备管理部门应及时登记,同时向本铁路局主管业务处提出新的限速条件(或恢复常速)申请,综合维修调度台根据主管业务处提出的申请,重新发布运行揭示调度命令。列车调度员确认司机仍持有原限速运行揭示调度命令后,向在途列车发布取消原运行揭示调度命令、按新的限速条件(或恢复常速)运行的调度命令。

(六)下列调度命令须经值班(副)主任批准

1. 列车反方向运行。

2. 临时抢修作业。

3. 出动轨道车临时处理故障。

4. 动车组列车因特殊情况需在不停车站或在区间(抢险、抢修)临时停车上下人员。

5. 在非固定到发线接发办理客运业务的动车组列车。

6. 启用热备动车组。

(七)对跨调度所(调度台)运行的列车发布调度命令的规定

对跨调度所(调度台)的列车,接车调度所(调度台)列车调度员可委托邻所(调度台)列车调度员发布调度命令,委托调度所(调度台)要将需转发调度命令号码和内容发给邻所(调度台),受委托调度所(调度台)将受令情况向委托调度所(调度台)列车调度员通报。

遇调度命令需跨高铁调度所(台)执行时,发布调度命令的列车调度员须发布给列车担当全区段的调度命令,需要列车运行前方各调度指挥区段掌握和执行的调度命令,还应将调度命令抄知相关调度台。

(八)遇下列情况,须发布调度命令(见表 3-1)

表　3-1

顺序	命　令　项　目	受令者	
		司机	车站值班员
1	封锁、开通区间(在分散自律模式下,不涉及衔接既有线车站时除外)		○
2	动车组列车转入或退出隔离模式	○	○
3	在非固定到发线接发办理客运业务的动车组列车	○	○
4	正线通过变更为侧线接车(通过)	○	○
5	列车在区间内停车或返回	○	○
6	列车反方向运行	○	○
7	临时限速(对司机报告或司机转报的因动车组自身车辆设备故障需限速时除外)	○	○
8	列车需临时降弓运行	○	
9	进出站信号故障时接发列车(引导信号能够开放时除外)	○	○
10	向封锁区间发出救援、路用列车	○	○
11	利用天窗施工、维修		○
12	出动、开行救援列车(热备内燃机车、救援队)	○	○
13	正线、到发线接触网停电或送电		○
14	越出站界调车	○	○
15	列车临时加开或停运	○	○
16	动车组列控车载设备故障改按 LKJ 方式运行时	○	
17	动车组列车退行至站内	○	○
18	有必要发布的其他调度命令	有关人员	

上述调度命令在分散自律控制模式下可不发给车务应急值守人员,如列车调度员认为有必要,可同时发给车务应急值守人员;在非常站控模式下,发给车站值班员,如涉及其他单位和人员时,也应同时发给。

六、车机联控

动车组列车装备有机车综合无线通信设备(CIR),能实现接车进路预告,司机通过 CIR 设备能够很清楚地知道进路情况,而且,动车组列车是严格按照列车运行图规定的股道进行接发的,出现变更股道的情况，列车调度员要向列车司机发布调度命令，司机也能清楚地知道进路的变化情况。所以动车组列车运行中不进行车机联控。车站由分散自律控制模式转为非常站控，且按电话闭塞法行车时，应执行车机联控，车站值班员应主动呼叫司机。车机联控用语如下：

1. 动车组列车接车或机外停车后开车时，进路准备好后：

(1)车务应急值守人员(车站值班员)：××(次)×站×道停车(通过)。

(2)列车司机：××(次)×道停车(通过)，司机明白。

2. 动车组列车站内停车再开或列车始发时，进路准备好后：

(1)车务应急值守人员(车站值班员)：××(次)×道出站信号好了。

(2)列车司机：××(次)×道出站信号好了，司机明白。

3. 动车组列车邻站发出后，车务应急值守人员(车站值班员)应主动呼叫司机：

(1)车务应急值守人员(车站值班员)：××(次)××(站)×道停车(通过)。

(2)列车司机：××(次)×道停车(通过)，司机明白。

4. 动车组列车临时机外停车：

(1)车务应急值守人员(车站值班员)：××(次)××(站)机外停车。

(2)列车司机：××(次)××(站)机外停车，司机明白。

5. 动车组列车通过变为停车：

(1)车务应急值守人员(车站值班员)：××(次)××(站)×道停车。

(2)列车司机：××(次)×道停车，司机明白。

6. 动车组列车变更固定接车线路：

(1)车务应急值守人员(车站值班员)：××(次)××(站)变更×道停车(通过)，限速××公里。

(2)列车司机：××(次)××(站)变更×道停车(通过)，限速××公里，司机明白。

7. 动车组列车反方向通过：

(1)车务应急值守人员(车站值班员)：××(次)××(站)×道通过，反方向运行，(侧向出站限速××公里)。

(2)列车司机：××(次)×道通过，反方向运行，(侧向出站限速××公里)，司机明白。

8. 动车组列车反方向发车：

(1)车务应急值守人员(车站值班员)：××(次)××(站)×道出站信号好了，反方向运行，(侧向出站限速××公里)。

(2)列车司机：××(次)××(站)×道出站信号好了，反方向运行，(侧向出站限速××公里)，司机明白。

9. 动车组在站内或区间限速：

(1)车务应急值守人员(车站值班员)：××(次)××(站)×道通过(停车)，站内(区间)××公里××米至××公里××米限速××公里。

(2)列车司机：××(次)××(站)×道通过(停车)，站内(区间)××公里××米至××公里××米限速××公里，司机明白。

10. 动车组列车引导接车：

(1)车务应急值守人员(车站值班员)：××(次)××(站)引导接车，×道停车(通过)，注意引导信号。

(2)列车司机：××(次)××(站)引导接车，×道停车(通过)，司机明白。

11. 动车组列车引导发车，进路准备好后：

(1)车务应急值守人员(车站值班员):××(次)××(站)引导发车,×道出站信号好了。

(2)列车司机:××(次)××(站)引导发车,×道出站信号好了,司机明白。

12. 向封锁区间开行路用、救援列车:

(1)进路准备妥当,按规定办理凭证并交付后:

列车司机:××(站),××号调度命令已收到(进路准备人员若为列车调度员时,"××(站)"应为"列车调度员")。

进路准备人员:××(次)×(站)×道发车进路好了。

列车司机:××(次)×(站)×道发车进路好了,司机明白。

(2)区间作业完毕返回站内时:

列车司机:××(站),××(次)请求返回。

进路准备人员:××(站)明白。

进路准备人员若为列车调度员时,"××(站)"应为"列车调度员"。

(3)接车进路准备妥当,并确认信号开放正确后:

进路准备人员:××(次)××(站)××道停车。

列车司机:××(次)××(站)××道停车,司机明白。

七、接发列车程序及有关规定

1. 办理列车预告、报点

正常情况下,列车的预告手续由 CTC 系统自动完成,不需要人工办理。非常站控模式车站与分散自律控制模式车站或相邻非常站控模式车站间,相邻非调度集中车站与分散自律控制模式车站或非常站控模式车站间办理接发列车时,通过 CTC 或 TDCS 自动办理发车预告、报点。遇无法办理自动预告、报点时,由车站值班员与列车调度员或相邻车站值班员人工办理发车预告、报点。

2. 接发动车组列车"五固定"

接发办理客运业务的动车组列车,须执行"五固定",即固定接发车进路、固定到发线、固定站台、固定停车位置及固定接发车人员。

遇需在非固定到发线接发动车组列车时,须经调度所值班主任准许,列车调度员发布调度命令。

列车应按运行图规定的股道接发或通过。遇特殊情况需调整时,由列车调度员在列车运行调整计划中进行并发布调度命令。需人工排列进路时,通过 CTC 操作终端进行操作。

3. 取消发车进路

出站信号开放或进入区间行车凭证已交付,如需取消发车进路,列车调度员(非常站控模式时为车站值班员)应及时与司机联系,确认列车尚未起动后,口头通知司机后,再取消发车进路。

列车调度员使用无线传送系统向司机下达书面调度命令时,司机应及时签认接收。司机对其内容有疑问时,须立即向列车调度员询问。

4. 道岔加锁

在高铁车站,由于车站只设有车务应急值守人员,没有其他的行车人员,发生设备故障需要道岔加锁时,车务应急值守人员还要在行车监控室内负责组织、联系、汇报等工作,所以,与既有线不同,在高铁车站,工务、电务人员也要参与道岔加锁作业,铁路局对道岔加锁的规定具体如下:

(1)当站内道岔失去表示,无法正常办理接发列车进路时,由车务应急值守人员报告车站值班干部,车站副站长(安全员)组织电务、工务进行道岔转换、开通位置确认、道岔加锁等工作。

（2）现场人工准备进路时，由电务人员任扳道长，与工务人员共同负责道岔转换、加锁等工作，电务、工务、车站副站长（安全员）共同确认道岔开通位置正确、加锁良好后，在现场签认《道岔加锁及开通位置登记表》（格式见附表），由车站副站长（安全员）通知车务应急值守人员（车站值班员）进路准备情况，车务应急值守人员（车站值班员）向列车调度员汇报。

（3）道岔各牵引点及斥离尖轨、可动心轨均需安装勾锁器。道岔勾锁器的安装位置，由车务部门组织，电务、工务部门配合，按照勾锁器使用说明书的要求，共同确定后，由工务部门在加锁一侧钢轨轨腰处用红色油漆画一竖线，作为加装勾锁器的标记，并负责日常保养。

（4）各车站配备的道岔勾锁器必须是经部（局）鉴定合格的产品。使用单位必须严格按照勾锁器使用说明书进行操作。

（5）由车务部门对道岔勾锁器固定编号，在车站行车监控室内设置专用保管箱存放，车务加锁、电务施封，由车务妥善保管。每季度以车务部门为主、电务部门配合，开锁、破封将勾锁器保养一次，保证使用灵活。

（6）需要使用道岔勾锁器时，由车务应急值守人员通知电务、工务人员。电务、工务人员共同在《行车设备检查登记簿》内登记使用原因、使用数量及道岔钩锁器编号，经车务应急值守人员签认后，方可开锁、破封取出使用。工务、电务人员取出道岔钩锁器时，车务应急值守人员要核对数量及编号。

（7）工务、电务人员使用完道岔勾锁器后，要在现场清点、收回，一件不漏地带回行车监控室，由车务应急值守人员与工务、电务人员共同清点数量、核对编号，正确无误后入箱加锁、施封，工务、电务部门方可在《行车设备检查登记簿》内销记。

表 3-2 为道岔加锁及开通位置登记表。

表 3-2

年　　月　　日　　次　　道　　接车（发车）（通过）

顺号	道岔编号	开通位置	加锁情况	电务签名	工务签名	车务签名

5. 车务应急值守人员非常站控模式接发列车作业标准

非常站控模式接车（通过）作业标准见表 3-3。

表 3-3

作业项目	岗位技术作业要求	说明事项
1. 核对计划	（1）根据列车调度员下达的列车运行阶段计划，核对车次、时刻、命令、指示、接车股道等，必要时与列车调度员联系	根据列车运行阶段计划下达，按规定通知有关人员
2. 准备接车	（2）确认列车预告（系统提示）	系统提示主要为语音、信息窗及电子《行车日志》
	（3）根据需要通知有关人员	
	（4）停止影响进路的调车作业。确认停止后，口呼："影响进路的调车作业已停止"	停止调车作业的时机，按有关规定联系确认。无影响进路的调车作业时，（4）项作业省略
3. 开放信号	（5）确认邻站开车（系统提示）。开放进站信号，口呼："进站"，点下始端按钮；口呼"×道"（正线通过时，口呼："出站"），点下终端按钮	系统提示主要为语音、信息窗及电子《行车日志》。列车通过时，应办理有关发车作业程序
	（6）监视列车信号开放情况。确认光带、信号显示正确，口呼："×道进站信号好（了）"[通过时，口呼："×道进、出站信号好（了）"]	

续上表

作业项目	岗位技术作业要求	说明事项
4. 列车接近	(7)监视信号及进路表示	
	(8)第一接近铃响(语音提示)、光带变红,再次确认信号开放正确	
5. 列车到达(通过)	(9)监视进路、信号及列车进(出)站	
	(10)通过光带显示,确认列车进入(通过)接车线	
	(11)确认系统自动采点正确	自动采点不正确时,车站值班员在系统中人工输入(修正)

非常站控模式发车作业标准见表 3-4。

表 3-4

作业项目	岗位技术作业要求	说明事项
1. 核对计划	(1)联系列车调度员确定发车计划	
	(2)始发列车,根据列车运行阶段计划,确认发车股道正确,输入车次号	
2. 发车预告	(3)停止影响进路的调车作业。确认停止后,口呼:“影响进路的调车作业已停止”	停止调车作业时机按规定联系并确认。无影响进路的调车作业时,(3)项作业省略
	(4)通过 CTC 终端办理预告	
3. 开放信号	(5)通过计算机联锁终端开放出站信号,口呼:“×道”,点下始端按钮;口呼:“出站”,点下终端按钮	
	(6)通过确认发车进路光带、信号显示正确后,口呼:“×道出站信号好(了)”	
4. 确认发车	(7)监视信号及进路表示	
5. 监视列车	(8)列车起动,确认系统自动采点正确	自动采点不正确时,车站值班员在系统中人工输入(修正)
	(9)通过计算机联锁终端确认列车整列出站	

6. 信号机的点灯、关灯的操作

和既有线不同,由于列车运行的速度高,司机不可能凭肉眼判别地面信号的显示,而是通过司机驾驶室的仪表显示来确认信号显示。在 CTCS-3 级区段,车站进站、出站、进路信号机正常状态不显示。车站联锁设备设置“点灯”按钮和“灭灯”按钮,与对应的进站、进路或出站信号机列车按钮结合操作,实现对进站、进路或出站信号机的点灯和关灯控制。

调车信号机及动车段(所)的信号机正常状态点亮。

CTCS-3 级区段遇下列情况,车站进站、出站信号机应点灯:

(1)接入列控车载设备转入隔离模式的列车时。

(2)接入机车信号和 LKJ 故障的列车时。

(3)接发路用列车时。

(4)在未设调车信号机的车站或线路上须越出站界进行调车作业时。

注意:只有在站间区间空闲的情况下,才能点亮出站信号机。

CTCS-3 级区段遇不同情况时接发动车组列车的行车凭证规定见表 3-5。

表 3-5

序号	特殊情况	地面信号机状态	控车方式	行车凭证	发给行车凭证的依据	附带条件
1	开放引导信号接入列车	灭灯	CTCS-3 级控车	列控车载设备显示的允许运行信号	确认道岔位置正确及进路空闲	按引导模式进站，并须准备随时停车
2			CTCS-2 级控车			按部分监控模式进站，并须准备随时停车
3			LKJ 控车	机车信号显示的允许运行信号		以不超过 20 km/h 速度进站准备停车
4		点灯	隔离模式或机车信号、LKJ 故障	进站信号机显示的引导信号		以不超过 20 km/h 速度进站停车
5	进站信号机故障，且引导信号不能开放时接入列车	灭灯	CTCS-3 级控车 CTCS-2 级控车	调度命令	确认道岔位置正确及进路空闲	按目视模式进站运行至出站信号机前，列控车载设备收到允许运行的信号，按列控车载设备显示运行
6			LKJ 控车			以不超过 20 km/h 速度进站运行至出站信号机前，按机车信号显示运行
7		点灯	隔离模式或机车信号、LKJ 故障			以不超过 20 km/h 速度进站停车
8	开放引导信号发出列车	灭灯	CTCS-3 级控车 CTCS-2 级控车	列控车载设备显示的允许运行信号	1. 确认第一个闭塞分区空闲 2. 确认道岔位置正确及进路空闲	
9			LKJ 控车	机车信号显示的允许运行信号		以不超过 20 km/h 速度运行至第一个区间信号标志牌前，按机车信号显示运行
10	出站信号故障时发出列车	灭灯	CTCS-3 级控车 CTCS-2 级控车	调度命令	1. 确认第一个闭塞分区空闲 2. 确认道岔位置正确及进路空闲	按目视模式运行至第一个区间信号标志牌前，列控车载设备收到允许运行的信号，按列控车载设备显示运行
11			LKJ 控车			以不超过 20 km/h 速度运行至第一个区间信号标志牌前，按机车信号显示运行
12	区间两个及以上闭塞分区轨道电路故障时发出列车	灭灯	CTCS-3 级控车 CTCS-2 级控车	列控车载设备显示的允许运行信号		
13			LKJ 控车	机车信号显示的允许运行信号		
14	反方向发出列车	灭灯	CTCS-3 级控车 CTCS-2 级控车	列控车载设备显示的允许运行信号	1. 区间占用表示灯表示区间空闲 2. 反方向行车的调度命令	

第二节　调 车 作 业

一、调车作业指挥系统

高铁车站的调车作业由助理调度员担当调车领导人。由分散自律控制转为非常站控的车站调车作业，由车站值班员担当调车领导人。

二、调车作业计划的下达、变更

1. 调车作业计划通过机车综合无线通信设备（CIR）传送给司机。遇无机车综合无线通信设备（CIR）或该设备故障时，可通过 GSM-R 手持终端向司机传达，司机确认后方可作业。

2. 变更调车作业计划时，调车领导人应通知司机停车，由调车领导人传达清楚、司机确认后方可继续作业。

三、动车组调车作业

1. 动车组调车作业原则上采用自走行方式，列控车载设备应置于调车模式，凭地面调车信号机的显示运行。

2. 动车组调车作业遇调车信号不能开放时，调车领导人须在调车进路准备妥当后，通知司机进行调车作业。

3. 动车组禁止连挂其他机车车辆调车（救援、附挂回送过渡车以及动车组无动力调车时的调车机除外）和跟踪出站调车，禁止向停留动车组的线路溜放调车和手推调车。

4. 动车组进行调车作业时，列控车载设备应置于调车模式，凭地面调车信号机的显示运行。在未设调车信号机的车站或线路上须越出站界进行调车作业时，由列车调度员办理列车进路，并点亮相应的进、出站信号机，司机根据列车调度员的调度命令和进出站信号机的显示进行调车作业。出站时开放出站信号按完全监控模式运行，或者开放出站引导信号按引导模式运行；进站时开放进站信号机按目视行车模式运行，或开放进站引导信号按引导模式运行。调车时最高运行速度不超过 40 km/h。

5. 动车段（所）设动车组调车司机，负责动车组在动车段（所）内调车、试运行等调移动车组作业。

6. 采用机车调车作业时，随车机械师或动车段（所）胜任人员负责过渡车钩、专用风管和电气连接线的连接和分解并打开车门，调车人员负责车钩摘解、软管摘结。

7. 在车站进行转线调车作业时，严禁在未设调车信号机的岔区办理折返作业。（说明：岔区无调车信号机，如仅靠人工联系确认过岔，安全隐患较大）。

8. 动车组调车作业原则上采用自走行方式，司机应在动车组运行方向的前端操作。在不得已情况下必须在后端操作时，应指派随车机械师或其他胜任人员在前端指挥，发现危及行车或人身安全时，应立即通知司机停车。后端操作时，动车组运行速度不得超过15 km/h。

四、自轮运转设备的调车作业

1. 单机、轨道车及其他自轮运转设备在高铁车站、区间及联络线调车作业时，应使用机车综合无线通信设备（CIR）进行联系。

2. 单机、轨道车及其他自轮运转设备在未设调车信号机的车站或线路上调车作业时，比照动车组调车作业办法，由列车调度员办理列车进路，并点亮相应的进、出站信号机，司机根据列车调度员的调度命令和进出站信号机的显示进行调车作业。

五、越出站界调车

1. 禁止跟踪出站调车。

2. 办理越出站界调车时，列车调度员应确认区间空闲。

3. 司机必须确认车列全部越过该线进站（反方向进站）信号机后，及时向列车调度员（车站值班员）汇报，列车调度员（车站值班员）得到汇报后，方准排列进路。

4. 在车站进行转线调车作业时，严禁在未设调车信号机的岔区办理折返作业（说明：岔区无调车信号机，如仅靠人工联系确认过岔，安全隐患较大）。在不具备利用牵出线调车的情况下，调车作业均按越站调车作业办理。

六、车辆停留与防溜

1. 在动车组运行时段，车站到发线禁止停留动车组以外的其他机车车辆。

2. 在动车组运行时段以外，允许上道的轨道车、大型养路机械等自轮运转设备、机车及其他施工车辆在车站停留时，由司机或设备使用单位负责防溜措施的设置和撤除并看守。

3. 动车组在车站或区间无动力停留时，有停放制动装置的动车组，由司机负责将动车组处于停放制动状态；无停放制动装置的动车组或在 20‰以上的区间无动力停留时，由司机通知随车机械师进行防溜，防溜时应使用止轮器牢靠固定。

注意：在高铁车站，必须对铁鞋加强管理，车站与各单位轨道车配备的铁鞋必须独立编号，以便明确责任。

七、其他规定

1. 同一股道只允许一端调车作业，禁止两端同时向同一股道排列调车进路。当排列接车进路后，禁止办理占用防护区段的调车作业。

2. 当未设调车信号机的车站在非常站控模式下需要调车作业时，由车站值班员汇报列车调度员，由列车调度员确认区间空闲、通知相邻站后，方可通知车站值班员办理列车进路，点亮相应的进、出站信号机，组织调车。作业完毕，由车站值班员汇报列车调度员并告知邻站，由列车调度员的确认后方可组织行车。

3. 调车作业必须由司机与进路准备人员（列车调度员或车站值班员）进行调车联控。两组及以上轨道车（含其他自轮运转特种设备，下同）连挂在一起运行时，进路准备人员仅与运行前端的轨道车进行联控。司机应使用机车综合无线通信设备（CIR）或 GSM-R 手持终端进行调车联控；进路准备人员应使用固定用户接入交换机（FAS）终端进行调车联控，FAS 终端故障时可使用 GSM-R 手持终端进行。

4. 执行联控时，遇一方未主动联控，另一方应及时联系，要求对方及时补充联控。执行联控后，司机应认真确认进路正确（设置信号处还应确认其显示正确），严禁臆测。作业中没有请求进路，不得排列进路。未联控成功，司机不得动车，待原因查明后，方可继续调车作业。

5. 接发动车组列车时，须提前 10 min 停止进路上的调车作业和对列车运行安全有影响的其他作业。

6. 遇车站不能开放调车信号或越出站界调车不能开放出站信号时，调车领导人应将相关道岔操纵至所需位置并在控制台上加锁，在调车进路准备妥当后，通知司机并告知需越过的信号机（越出站界调车时还应发布调度命令），动车组司机须人工转为目视模式作业。

7. 动车组、单机、轨道车及其他自轮运转设备在高铁车站、区间及联络线调车作业时，应使用机车综合无线通信设备（CIR）进行联系。

8. 未设调车信号机的车站或线路上调车作业的补充规定：

（1）单机、轨道车及其他自轮运转设备在未设调车信号机的车站或线路上调车作业时，比照动车组调车作业办法，由列车调度员办理列车进路，并点亮相应的进、出站信号机，司机根据列车调度员的调度命令和进出站信号机的显示进行调车作业。

（2）当未设调车信号机的车站在非常站控模式下需要调车作业时，由车站值班员汇报列车调度员，由列车调度员确认区间空闲、通知相邻站后，方可通知车站值班员办理列车进路，点亮相应的进、出站信号机，组织调车。作业完毕，由车站值班员汇报列车调度员并告知邻站，由列车调度员的确认后方可组织行车。

（3）在车站进行转线调车作业时，严禁在未设调车信号机的岔区办理折返作业。

第三节　施　工　维　修

一、高铁施工维修的特点

1. 高铁列车运行图安排综合天窗，应按垂直天窗设置，天窗时间应固定，每日不少于 240 min。

2. 天窗内施工前后不应限速。

3. 为适应高速铁路施工和维修体制，高铁综合天窗按专业相对固定作业日期，每旬逢二、五、八以电务作业为主，每旬逢一、四、七以工务作业为主，每旬逢三、六、九、十以供电作业为主，分别指定施工主体单位。在不影响主体施工单位作业的情况下，可安排其他单位的作业，实现天窗的“一点多用、平行作业、综合利用”。

4. 天窗结束后开行动车组列车前，应开行确认列车，确认列车开行纳入列车运行图。

二、施工计划的编制审批

1. 高铁施工按规定须铁道部审批时，由铁路局主管领导亲自组织研究，提出施工方案、运输组织和安全措施等报铁道部运输局。

2. 高铁施工计划分为月度施工计划和施工日计划。铁路局运输处负责组织编制月度施工计划，调度所负责编制施工日计划，部管施工日计划须报运输局调度部审核。

3. 铁路局运输处负责组织编制月度施工计划，程序如下：

（1）施工单位应于每月 7 日前将次月施工计划上报铁路局主管业务处，其中，建设项目施工计划应先报项目管理机构预审，再报主管业务处。各业务处对施工计划进行审查汇总，由主管处长批准后，于 9 日前向运输处提出月度施工计划申请表。

（2）运输处每月 11 日组织相关业务处和主要施工单位审查编制月度施工计划，主要内容报主管运输副局长决定。月度施工计划经主管副局长批准后，以铁路局文件下发各站段和有关施工单位。

4. 铁路局调度所负责施工日计划的编制，程序如下：

（1）施工单位于施工前 3 日（其中 0:00 后进行的施工为前 4 日），将施工计划（含路用列车开行）报铁路局主管业务处，其中，建设项目施工计划应先报项目管理机构预审，再报主管业务处。经主管业务处审核（盖章）后，于施工前 2 日 9:00 前（其中 0:00 后进行的施工为前 3 日 9:00前）向调度所施工调度室提报施工计划申请单。

（2）Ⅰ级施工和部管施工项目，调度所于施工前 2 日 15:00 前将施工计划申报运输局调度处，运输局调度处根据铁道部月度施工计划和批准的施工文电进行审核后，于施工前 2 日 18:00前反馈郑州铁路局调度所。

（3）编制施工日计划应以月度施工计划为依据，施工调度室应将主管业务处提报的施工计划与月度施工计划（临时施工与批复文电）进行核对，编制施工日计划，经调度所主任（副主任）审批后，纳入调度日计划。Ⅰ级施工和部管施工项目的施工日计划于施工前 1 日 15:00 前报运输局调度处。

（4）施工调度室于施工前 1 日 12:00 前（其中 0:00 后执行的施工日计划为前 2 日 18:00 前）将施工日计划下达有关动车基地（所）、机务段、车务段（直属站），传（交）主管业务处，相关列车调度、计划调度、供电调度台，主管业务处负责通知施工单位、配合单位，车务段（直属站）负责通知相关车站。

5. 发布运行揭示调度命令的规定：

（1）施工调度室须依据施工日计划和主管业务处提报的灾害、故障涉及限速、行车方式变化的申请及“常用运行揭示调度命令基本用语”编制运行揭示调度命令。

（2）运行揭示调度命令内容应包括“时间、地点、因由、速度、行车方式变化、设备变化”等要素。

（3）运行揭示调度命令须一人拟写、另一人核对，施工调度室主任（副主任）、调度所副主任逐级审核签认，于施工前 1 日 12:00 前（其中 0:00 后执行的运行揭示调度命令为前 2 日 18:00 前）发至有关动车基地（所）、机务段、车务段（直属站）、主管业务处，并传（交）列车调度员。车务段（直属站）应根据施工要求转发给相关车站；主管业务处转交施工单位及配合单位。

（4）发生灾害、设备故障等影响行车的突发情况（含施工开通后未达到规定的放行列车条件），列车调度员接到报告后，须立即采取应急处理措施，向有关车站、司机发布调度命令；主管业务处须根据设备管理单位的施工申请，审核提报放行列车条件，由施工调度室发布运行揭示调度命令。

（5）涉及铁路局间分界站的施工日计划和运行揭示调度命令，由发布局施工调度室委托相关邻局施工调度室转达；相关邻局施工调度室向本局所属相关车务段（直属站）下达，并转交本局相关列车调度员，车务段（直属站）负责向相关车站下达；邻局施工调度室及时向发令局施工调度室反馈施工日计划和运行揭示调度命令的交递情况。

6. 铁路局所管设备越过局间分界站延伸至邻局调度指挥区段时，延伸段的施工由施工单位向本局提报施工方案，本局按规定程序审核。施工方案审核后，由施工单位于每月 9 日前向邻局运输处提报次月施工计划（附带施工方案审核资料），由邻局安排月度施工计划，部管施工项目由邻局按规定报部审批。施工单位于施工前 3 日将施工计划报本局主管业务处，经主管业务处审核（盖章）后，于施工前 2 日 9:00 前向邻局调度所施工调度室提报施工计划申请，由邻局调度所编制、下达施工日计划，发布相关运行指示和施工调度命令。施工现场组织实施工作由本局负责。

7. 在线间距不足 6.5 m 地段进行清筛、成段更换钢轨及轨枕、成组更换道岔、成锚段更换接触网线索作业时，邻线列车应限速 160 km/h 及以下，并按规定进行防护。施工单位在提报施工计划时,应提出邻线限速的条件。调度所编制施工日计划、运行揭示调度命令时,应注明施工地段邻线限速条件。

三、施工计划变更及临时施工

1. 未纳入月度施工计划的施工项目原则上不准进行施工。特殊情况必须施工时,由施工单位提出施工申请,并签订安全协议,制定安全措施,经主管业务处审查后,报运输处安排施工计划,经主管运输副局长批准,以局电形式下发。须增加部管施工项目时,铁路局提前 5 天向运输局提出申请电报,经运输局批准后,方可安排施工。

2. 月度施工计划原则上不准变更。特殊情况必须进行调整时,由施工单位提前 5 天向主管业务处提出书面申请,经审查后报运输处调整、审批施工计划,交施工调度室安排实施。

纳入月度施工计划的施工项目原则上不准停止施工,因专特运等原因停止施工时,经主管运输副局长(总调度长)批准并于前日 14:00 前以调度命令通知有关单位。

已批准的铁道部管理的施工项目需停止施工时,须经运输局调度部主任(副主任)批准。

对于停止的施工,铁路局调度所应尽快重新安排,因停止工引起的本月未按月计划完成的施工,可顺延至下月。

3. 对突发性设备故障和灾害的紧急抢修及轨状态超过临时补修标准处所的临时补修等临时封锁要点施工,按下列程序办理:

(1)需临时封锁要点时,由设备管理单位向铁路局主管业处提出书面申请,主管业务处审查,经主管运输副长(总调度长)批准后,由调度所安排施工。

(2)危及行车安全需立即抢修时,设备管理单位按规定登通过施工联络员、车站值班员报告列车调度员,经调度所值班任批准,发布调度命令进行抢修。设备管理单位同时通知配合位和铁路局主管业务处。

四、维修计划管理

1. 高铁维修作业计划按日编制,主要内容包括:区段、行别、作业项目、作业地点、作业时间、作业内容、影响(停电)范围、路用列车开行计划、维修单位、配合单位等。

2. 施工调度室负责高铁维修日计划的编制。设备管理单位于维修前 3 日(图定天窗时间 0:00 以后开始时为前 4 日)将维修作业申请计划报铁路局主管业务处,经主管业务处审核(盖章)后,于维修前 2 日 9:00 前(图定天窗时间 0:00 以后开始时为前 3 日 9:00 前)报施工调度室。施工调度室结合按专业相对固定的作业日期、施工日计划、动检车开行计划等,编制维修日计划,于维修前 1 日 12:00 前(图定天窗时间 0:00 以后开始时为前 2 日 18:00 前)下达有关车务段(直属站),传(交)主管业务处,相关列车调度、计划调度、供电调度台,主管业务处负责通知维修单位、配合单位,车务段(直属站)负责通知相关车站。

3. 维修作业计划编制协调原则:原则上维修作业按区间和站内分别组织,各作业单位不准同时封锁(占用)区间和站内。确需同时封锁(占用)区间和站内时,工务、电务、供电三方协商一致后方可提报维修计划。

(1)区间维修作业协调原则

①原则上供电、工务作业单位轨道车不准进入同一区间、同一行别,供电、工务不安排在同一区间、同一行别进行作业。确需在同一区间、同一行别进行作业时,安全责任由使用轨道车的单位负责。

②当日供电(工务)为主体单位时,供电(工务)不准同时封锁同一区间的上下行线,当日的主体单位可优先选择行别。确需封锁同一区间的上下行线时,双方协商一致后方可提报维修计划。

③当日供电(工务)为主体单位时,准许电务在同一区间、同一行别平行作业,在提报维修计划时要注明“不影响主体单位作业”。

④当日电务为主体单位时,可根据作业需要同时占用同一区间的上下行线,准许工务、供电分别在一行平行作业,但不准使用轨道车,在提报维修计划时要注明“不影响电务作业”。

(2)站内维修作业协调原则

①供电作业单位在站内使用轨道车作业时,原则上不准同时封锁全站,应分咽喉或者分上下行线进行。确需封锁全站作业时,供电与工务、电务协商一致后方可提报维修计划。

②工务、电务作业单位在站内进行维修作业,原则上双方分咽喉进行。确需占用全站作业时,双方协商一致后方可提报维修计划。

③工务、电务作业单位在站内进行道岔整治维修作业,可由一方提报维修计划,并注明另一方“配合”。

④当日电务为主体单位时,可根据作业需要同时占用全站进行信号设备检修,准许工务进行股道的维修作业,在提报维修计划时要注明“不影响电务作业”。

4. 临时抢修施工优先于有计划施工,施工作业优先于维修作业。

5. 维修日计划一经下达不得随意变更和调整。因特殊原因需要变更和调整时,各设备管理单位应通过本部门施工联络员(非常站控模式下为车站值班员)及时向列车调度员汇报,并按规定登记“运统 46”,列车调度员请示主管客运专线值班副主任同意后安排给点。

6. 铁路局调度所负责每天下午召开高铁施工和维修协调会,各部门施工联络员、有关施工单位和设备管理单位参加,对当日的施工和维修情况进行总结,协调解决次日施工和维修存在的问题,落实各项作业准备情况,安排协调后天的施工和维修日计划。

7. 根据郑州局调度所下达的施工、维修日计划,高铁车站在每天 16:30 组织站区各单位召开天窗修协调会。车站应设立天窗协调会记录本,并做好详细记录。

五、施工维修登记

1. 调度台和车站行车监控室处应分别设置“运统 46”。其中调度台设“运统 46(施工)”、“运统 46(综合)”簿、“运统 46(设备故障)”簿、“运统 46(计数器)”簿;车站行车监控室设“运统 46(施工)”、运统 46(工务)”、“运统 46(电务)”、“运统 46(接触网)”、“运统 46(综合)”、“运统 46(设备故障)”、“运统 46(计数器)”、“运统 46(联合检查)”。

2. 利用图定天窗进行施工、维修作业时,非常站控模式下在车站办理登销记手续,分散自律模式情况下在郑西客专调度台办理登销记手续。施工维修过程中原则上不得进行模式转换。

3. 施工、维修单位作业需其他单位配合时,由主体作业单位负责“运统 46”的登记和销记,有关配合单位和设备管理单位必须及时签认。配合单位或设备管理单位未签认,不得给点。

4. 各作业单位进行施工和维修作业时,现场作业负责人应确认已做好一切施工准备。施工联络员于天窗点前 1 h 在高铁调度台“运统 46”内登记。列车调度员须将登记内容与施工日计划、维修日计划进行核对,确认无误后向施工联络员发布调度命令,并在“运统 46”内签认。

5. 各受令单位相关负责人须将调度命令传达到现场作业负责人;现场作业负责人确认调

度命令内容后，方可进行作业。

6. 各作业单位应在调度命令的起止时间内完成施工和维修作业。各作业单位施工和维修作业完毕，经检查达到放行列车条件，须及时向工务、电务、供电部门施工联络员报告。施工联络员在高铁调度台办理登销记手续。列车调度员确认本管辖区段施工和维修作业全部完毕后，发布开通站内及区间的调度命令，并在“运统46”内签认。

7. 在非常站控模式下，车站应急值守人员担当车站值班员的职责，负责组织实施施工和维修作业相关工作，列车调度员将有关调度命令发布给非常站控的车站，各作业单位在相关车站办理登销记手续。

8. 施工单位在施工地点设现场防护员，现场防护员应由经过考试合格的人员担当。高铁调度台施工联络员（车站驻站联络员）与现场防护员要保持随时通信状态，掌握施工现场和列车运行情况，发现异常及时通知列车调度员（车站值班员）和施工负责人。现场防护员、施工负责人、高铁调度台施工联络员（车站驻站联络员）应配备可靠通讯联络设备，确保通讯畅通。

9. 设置在调度台的设备，信号、通信中心机房的设备，进行施工和维修作业时，由施工联络员在高铁调度台办理登销记手续。列车调度员还应将有关调度命令发布给相关车站。

10. 房建部门进行站台、雨棚维修及限界巡视检查，封闭栅栏等防护设施维修，站场内消防栓、消防管道巡视检查等项作业，必须在综合天窗点内进行，在不封锁线路、按有关规定不需要接触网停电配合的情况下，指派胜任人员担当驻站防护人员，在车站的《行车设备检查登记簿》内登记，经列车调度员口头同意，车站值班员签认给点。房建部门必须在车站值班员签认的时间内进行作业，按规定做好防护，并不得影响其他作业单位的作业，到点按规定销记。房建部门进行需要封锁线路、接触网停电配合的作业时，必须按施工计划的有关规定办理。

11. 设备发生故障“运统46”登销记的有关规定。

(1)在分散自律控制模式下发生的设备故障，在客专调度台办理登销记手续；在非常站控模式下发生的设备故障，在车站办理登销记手续。

(2)分散自律控制模式下发生的设备故障未恢复正常使用需转为非常站控模式前，列车调度员通知设备管理单位驻调度所人员（以下简称驻台联络员）并将故障情况及停用（影响）范围通知车务应急值守人员（部分设备管理单位已销记时也要通知车务应急值守人员），车务应急值守人员在“运统46（设备故障）”簿内记录并向列车调度员复诵，双方须认真核对无误。设备恢复正常使用后，车务应急值守人员报告列车调度员，设备管理单位人员在车站办理销记手续后通知驻台联络员，驻台联络员在调度台“运统46”上记录故障销记情况。

(3)非常站控模式下发生的设备故障未恢复正常使用需转为分散自律控制模式前，车务应急值守人员向列车调度员报告故障情况及故障停用（影响）范围（部分设备管理单位已销记时也要报告列车调度员），列车调度员在“运统46（设备故障）”簿内记录并向车务应急值守人员复诵，同时通知驻台联络员确认故障情况及故障停用（影响）范围。设备恢复正常使用后，驻台联络员在调度台办理销记手续。同时，驻台联络员通知设备管理单位人员在车站“运统46”内记录故障销记情况（设备管理单位在车站未设置工区时，由列车调度员通知车务应急值守人员记录故障销记情况）。

(4)在设备未恢复正常使用前，如故障停用（影响）范围或行车条件发生变化，驻台联络员（设备管理单位人员）要及时在“运统46”内登记，列车调度员与车务应急值守人员应加强联系，相互通知“运统46”内登记的有关事项。

第四节 高铁行车应急处置要点

一、CTC 设备故障

1. 列车调度员向值班主任汇报。

2. 登记《行车设备检查登记簿》，通知电务人员对故障进行检查处理。

3. 指示车务应急值守人员担当车站值班员，转为非常站控模式行车。

4. 车务应急值守人员按《非常站控接发列车作业标准》接发列车，及时开放信号。

5. 根据设备管理部门的销记，并确认具备转回分散自律模式条件后，指示车站转回分散自律控制模式。

二、无法通过 CTC 设置限速

1. 列车调度员立即关闭进入该限速地点的信号，如列车已经临近限速地段时，立即呼叫司机停车。

2. 报告值班主任。

3. 登记《行车设备检查登记簿》，通知电务人员对故障进行检查处理。

4. 使用调度命令无线传送系统，向有关司机发布人工控制速度越过该限速区段的限速调度命令(最高不超过 40 km/h)。确认司机签收后，开放相关信号。

5. 确认设备管理单位销记后，恢复正常行车。

三、进路上轨道电路红光带接发列车

1. 列车调度员向值班主任汇报。

2. 登记《行车设备检查登记簿》，通知工务、电务设备管理单位对故障进行检查处理。

3. 根据工务、电务上道检查的申请，在本线封锁、邻线限速 160 km/h 后，方准同意检查人员上道作业。

4. 如故障暂时不能修复，得到线路空闲的报告、确认工务人员设备正常的销记后，准备进路(故障轨道电路区段道岔应单独锁闭)，办理引导接发列车进路。如红光带道岔不在所需位置时，人工摇动后，按“进路上道岔无表示接发列车”的处置要点办理。

5. 确认设备管理单位销记后，恢复正常行车。

四、进路上道岔无表示接发列车

1. 列车调度员向值班主任汇报。

2. 登记《行车设备检查登记簿》，通知工务、电务设备管理单位对故障进行检查处理；通知车务应急值守人员。

3. 根据工务、电务上道的申请，在本线封锁、邻线线路限速 160 km/h 后，方准同意检查人员上道作业。

4. 如故障暂时不能修复，通知车务应急值守人员组织工务、电务人员检查、准备进路，听取进路道岔位置正确、加锁完毕、进路准备妥当的报告。

5. 发布调度命令，动车组列车以调度命令做为行车凭证，按目视行车模式进出车站。

6. 确认设备管理单位销记后，恢复正常行车。

五、区间闭塞分区非列车占用红光带

1. 列车调度员应立即通知区间内已进入故障地点及后续的列车司机立即停车。

2. 向值班主任汇报。

3. 登记《行车设备检查登记簿》，通知工务、电务设备管理单位对故障进行检查处理。

4. 根据工务、电务上道检查的申请，在本线封锁、邻线限速 160km/h 后，方准同意检查人员上道作业。

5. 根据设备单位在《行车设备检查登记簿》登记的放行列车条件放行列车，有关设备部门未销记确认可以放行列车前，不得再向该区间放行后续列车。

6. 设备故障暂时无法恢复，具备放行列车条件时，根据设备单位在《行车设备检查登记簿》登记的行车条件，确认区间空闲后，改按站间掌握行车。[待故障地点（发生两处及以上故障时，为前进方向第一故障地点）前的列车运行至前方站，对区间内已进入故障地点及后续的列车，列车调度员确认列车至前方站间区间空闲后，通知列车司机故障闭塞分区起止里程，逐列恢复运行至前方站（指示后列每列车恢复运行前必须确认前列已完整到达前方站）]。

7. 如接到司机或设备部门发现断轨等危及行车安全情况的汇报时，列车调度员应立即通知区间内有关列车司机立即停车。

8. 确认设备管理单位销记后，恢复正常行车。

六、调度所及车站 CTC 设备均不能正确显示列车占用状态

1. 列车调度员应立即停止向故障区间（车站）发出列车，列车已进入该区间（车站）时，首先立即通知该列车的后续列车司机停车，然后通知已进入故障区间（车站）的列车司机停车。

2. 登记《行车设备检查登记簿》，通知电务设备管理单位对故障进行检查处理。

3. 根据电务上道检查的申请，在本线封锁、邻线限速 160km/h 后，方准同意检查人员上道作业。

4. CTC 设备不能正确显示列车占用状态故障暂时无法恢复，具备放行列车条件时，通知车站转为非常站控，对已进入区间的列车，列车调度员确认列车至前方站间区间空闲后，通知列车司机逐列恢复运行（指示后列每列车恢复运行前必须确认前列已完整到达前方站），司机按信号显示行车，逐列运行至前方站。

5. 确认设备管理单位销记后，恢复正常行车。

七、CTC 区间列车占用丢失报警或发现及得到区间列车占用丢失信息

1. 列车调度员应立即通知已进入区间的后续列车和占用丢失的列车司机立即停车，联系占用丢失的列车司机，询问列车位置及现场情况。

2. 登记《行车设备检查登记簿》，通知电务设备管理单位对故障进行检查处理。

3. 列车占用丢失故障暂时无法恢复，占用丢失的列车运行无异常，具备放行列车条件时，对已进入区间的占用丢失的列车和后续列车，列车调度员确认列车至前方站间区间空闲后，通知列车司机逐列恢复运行（指示后列每列车恢复运行前必须确认前列已完整到达前方站），司机按信号显示行车，逐列运行至前方站。

八、CTC站内股道列车占用丢失报警或发现及得到站内列车占用丢失信息

1. 应立即停止使用该故障区段，联系司机询问列车位置及现场情况。
2. 列车调度员向值班主任汇报。
3. 登记《行车设备检查登记簿》，通知电务设备管理单位对故障进行检查处理。
4. 经设备部门检查处理后，按照设备部门登记的行车条件组织行车。

九、因临时限速，设置列控限速

1. 列车调度员确认有关单位限速的登记，报告值班主任。
2. 拟定列控限速命令，如列车已临近限速地点，先扣停列车，再通知司机限速地点及限速里程。
3. 发布限速调度命令，设置列控限速并确认设置成功。
4. 办理接发车进路。
5. 确认有关单位恢复常速的销记，取消列控限速并确认取消成功。

十、变更办理客运业务的动车组列车接发股道

1. 列车调度员确定变更接发动车组列车的股道，该列车在该站办理客运业务，须经值班主任准许，列车调度员发布调度命令（在分散自律模式下，该命令还应发给车务应急值守人员）。
2. 下达列车运行调整计划，监控进路序列变更情况。
3. 确认进路准备妥当、信号开放正确。

十一、动车组故障不能继续运行请求救援

1. 列车调度员接到司机报告后，立即扣停后续列车，报告值班主任。
2. 根据实际情况，组织热备动车组或内燃机车担当救援，向救援动车组、有关车站下达开行救援列车的调度命令。
3. 发布救援列车进入封锁区间的调度命令。接到司机进行连挂作业的请求后，列车调度员发布邻线列车限速160km/h及以下的调度命令，告知救援列车司机。
4. 得到救援列车司机连挂完毕，人员上车后的报告，取消邻线列车限速160km/h的调度命令。
5. 救援完毕，确认区间空闲后，开通区间，恢复正常行车。

十二、动车组被迫停在高架桥、隧道，旅客需要疏散并换乘时

1. 列车调度员接到司机报告后，立即扣停后续列车，下达邻线区间封锁的调度命令，报告值班主任。
2. 组织热备动车组列车担当救援，向救援动车组、有关单位下达开行救援列车的调度命令。
3. 与被救援列车司机联系，确定停车位置。
4. 向救援列车发布进入封锁区间的调度命令。
5. 救援列车到达指定位置停车换乘后，列车调度员通知被救援列车司机救援列车已到达指定位置。

6. 救援完毕，确认区间空闲后，下达开通区间的调度命令。

十三、列控车载设备故障(司机重新启动后不能恢复正常使用)

1. 列车调度员报告值班主任，通知电务设备管理单位对故障进行检查处理。

2. 因列控车载设备故障(地面信号设备正常，以电务部门在《行车设备检查登记簿》的登记为准)，不能恢复正常运行，车站具备旅客换乘条件时，应组织旅客在车站换乘，车站不具备旅客换乘条件的或因地面信号设备故障导致列控车载设备不能正常使用，在车站出发时，按如下要求办理。

(1)列车调度员应及时通知担当任务机务段指派胜任人员添乘盯控

(2)列车调度员确认该列车至前方站无列车占用后，发布将列控车载设备转入隔离模式，不超过 40 km/h 运行到前方站的调度命令，对装备 LKJ 的动车组列车发布改按 LK J 方式运行的调度命令。待该列车到达前方站后方可放行后续列车。

3. 已在区间内运行的未装备 LKJ 的动车组列车因列控车载设备故障，不能恢复正常运行时，司机应报告列车调度员，列车调度员不再向该区间放行后续列车，并通知已进入区间的后续列车立即停车，确认该列车至前方站间区间空闲后，发布调度命令，司机根据调度命令将列控车载设备转入隔离模式，以不超过 40 km/h 的速度运行至前方站进站信号机，按其显示运行。该列车到达前方站后，列车调度员方可通知后续列车恢复运行。

4. 列车到达前方站后，根据电务人员对设备的修复情况及运输组织情况，确定下一步运输组织方案。

5. 设备修复后，恢复正常行车。

十四、接触网故障停电

1. 列车调度员接到接触网停电的报告后，立即通知供电调度员确认停电范围，及时扣停未进入停电区域的列车。

2. 报告值班主任，登记《行车设备检查登记簿》，通知设备管理单位。

3. 根据设备管理单位在《行车设备检查登记簿》登记的停电范围、接触网停电行车限制要求，向有关车站发布接触网停电行车限制调度命令。

4. 当接触网跳闸重合失败后强送电成功，原因不明时(判断系亭所原因时除外)，根据供电调度员的限速申请，对本线及邻线进入该区间的首列列车，发布限速 160 km/h 的调度命令并设置列控限速，限速位置按故障标定装置指示地点(以供电调度的通知为准)前后各加 3 km 确定。列车调度员应通知司机注意观察接触网设备状态，将司机汇报的情况通知供电调度员

5. 根据供电部门的申请，及时通知有关车站，发布调度命令，组织开行接触网轨道车抢修。

6. 确认设备管理单位销记，发布接触网恢复供电，取消列车限速的调度命令，取消列控限速设置，恢复正常行车。

十五、动车组列车被迫停在接触网分相无电区

1. 列车调度员接到报告后，立即将情况及停车地点通知供电调度员，由供电调度员确定是否利用闭合分相网上远动开关实施救援。

2. 停止向该区间放行后续列车，对已进入该区间的列车，通知前行动车组列车停车位置，要求列车司机不得进入该闭塞分区。

3. 能够利用闭合分相网上远动开关实施救援时，确认被迫停车的动车组列车已降下受电弓，在前行所有列车离开被迫停车动车组离去方向供电臂后，通知供电调度员，发布接触网停电行车限制调度命令。

4. 供电调度员对离去方向供电臂接触网停电（并联供电时需先解环，再停电），并通过闭合分相开关实现向离去方向供电臂接触网送电后通知列车调度员。列车调度员接到通知，命令分相区内动车组司机升弓受电开车。

5. 得到司机升弓受电开车驶出分相区后的报告后，列车调度员通知供电调度员。供电调度员断开网上分相开关，并恢复离去方向供电臂的正常供电方式后通知列车调度员。列车调度员通知离去方向供电臂单元的动车组升弓运行，解除离去方向供电臂接触网停电行车限制措施。

当离去方向供电臂范围内含有车站时，应上、下行供电臂同时停电后再通过闭合分相开关实现向离去方向供电臂接触网送电。

十六、动车组列车在区间被迫停车后须返回后方站

1. 列车调度员接到司机报告后，须立即扣停进入该区间的后续列车，并在 CTC 操作终端上将列车进路由自动触发改为人工控制。

2. 列车调度员确认该列车至后方站间无列车占用，方可排列返回列车在后方站的接车进路。

3. 发布准许列车返回后方站的调度命令。

注：如被迫停车的列车须返回后方站而后续列车已进入该区间时，应先向已进入该区间的后续列车发布调度命令，指示其返回后方站。

十七、通信故障

1. 列车调度员确认设备故障现象，向值班主任汇报。

2. 登记《行车设备检查登记簿》，通知设备管理单位人员。

3. 根据人员在《行车设备检查登记簿》登记的停用及影响范围，执行如下规定：

(1)造成列控车载设备不能使用时，按本节“十三、列控车载设备故障”情况下的应急处置要点执行。

(2)影响 CTC 系统使用时，指示车站转为非常站控。

(3)列车调度台通信故障时，列车调度员应利用一切通信方式，布置车站使用 FAS 或 GSM-R 手持终端，转告列车司机通信故障情况，列车运行途中的有关行车事项直接向车站报告。

十八、封闭网内有闲杂人员、家畜、牲畜

1. 列车调度员接到报告后，立即通知列车司机（包括邻线列车）在该地点注意和减速运行。

2. 通知公安人员处置。

3. 根据公安人员处置完毕的汇报，恢复正常行车。

十九、发生地震等自然灾害

1. 列车调度员立即关闭有关信号，呼叫列车司机停车；车务应急值守人员应立即转为非常站控，关闭有关信号，呼叫列车司机停车。

2. 列车调度员立即报告值班主任，通知各设备单位检查设备情况。

3. 列车调度员指示未转为非常站控的车站转为非常站控模式，车务应急值守人员立即通知干部上岗。

4. 列车调度员发布调度命令，封锁上下行区间。

5. 掌握现场有关情况，随时向上级领导汇报。

6. 接到地震险情排除，设备正常的汇报，确认设备单位在《行车设备检查登记簿》上的销记，发布开通区间的调度命令。严格按照设备单位登记的行车条件组织行车。

二十、其他要求

1. 行车应急处置期间需转为非常站控时，要严格执行《关于规范客运专线车站专业管理的通知》(运调技术〔2010〕138 号)、《郑州铁路局郑西高速铁路行车组织细则》中转换时机及干部盯控的相关规定。

2. 行车应急处置期间转为非常站控的，列车调度员与车站值班员要按照相关规章的要求办理相关行车工作。

3. 行车应急处置期间，列车调度员与车站要加强安全信息的联系和沟通，相互提醒和卡控，确保行车安全。

参考文献

[1]中华人民共和国铁道部.客运专线技术管理办法(试行)(300～350 km/h 部分).北京:中国铁道出版社,2009.

[2]中华人民共和国铁道部.客运专线技术管理办法(试行)(200～250 km/h 部分).北京:中国铁道出版社,2009.

[3]中华人民共和国铁道部.高速铁路调度暂行规则.北京:中国铁道出版社,2010.